法と世の事実とのずれ

法と世の事実とのずれ

尾高朝雄

書肆心水

目次

はしがき　11

第一章　法と事実の関係

一　法における規範と事実　14
二　法的に意味のある事実　22
三　法と事実の闘争　30
四　法と事実の融合　42
五　問題の展開　52

第二章　法と道徳的事実

一　法と道徳共同体　58
二　道徳共同体に対する法の不干渉主義　67
三　道徳共同体の崩壊　80
四　法と道徳的事実との間のずれ　87
五　法と道徳的事実との間のずれの調整　94

第三章　法と経済的事実

一　法と経済的慣習　102
二　法と経済的事実との間のずれ　108
三　法を裏切る経済的事実　115

四　法を裏切る経済的事実に対する措置　125
五　経済的利害の対立とその法的調整　132

第四章　法と政治的事実

一　政治における不寛容の体系　146
二　政治における寛容の体系　154
三　政治に対する寛容性の限界　161
四　左翼絶対主義の立場　167
五　移動する合法性の限界　177

第五章　成文法と慣習法

一　慣習法の成文法改廃力　188
二　成文法主義と慣習法主義　191
三　慣習法の理論　200
四　慣習が法となるための条件　212
五　慣習法の法段階上の位置　225
六　慣習法と判例法　241
七　むすび　247

法と世の事実とのずれ

凡例

一、本書は尾高朝雄著『法と事実』（一九四九年、朝倉書店刊行）の新組復刻版である。本版の書名「法と世の事実とのずれ」は内容を分かりやすく伝えるために本書刊行所がつけたものである。

一、漢字は新字体に置き換えた。（「欠缺」を除く。）元の本は基本的に新仮名遣いで表記されているが、一部に旧仮名遣いが混じっているので、それは新仮名遣いに置き換えた。

一、促音の「つ」は小字に置き換えた。踊り字（繰り返し符号）は「々」のみを使用し、それ以外は仮名に置き換えた。

一、明らかな誤り（「大義明分」の如き）はそれと示すことなく訂正した。

はしがき

昭和二三年の五月に設立された日本法哲学会は、その出版方面の事業として、一方では「法哲学四季報」を刊行すると同時に、他方では「法哲学叢書」の編集を行っている。その目標は、法の哲学的基本原理と実定法の具体的な諸問題とを結びつけ、法哲学と実定法学との架橋を実現するために、多方面の実定法学者あるいは政治学者の協力を求めると同時に、その成果をもってひろく一般の知識人や実際家に訴え、社会問題の解決の一助たらしめようとするにある。法哲学は、単なる学者だけの法哲学であってはならない。法哲学は、それと同時に実務家の法哲学となり、実際問題の解決に役立たなければならない。それが、日本法哲学会の仕事の最大の狙いである。

本書は、和田小次郎教授の「法と人間」につづいて、「法哲学叢書」の第二篇として刊行される。法と事実の関係は、一見して地味なテエマではあるが、その中にさまざまの生きた実際問題がふくまれている。しかも、その問題は、民法や商法や刑法や政治の諸領域にまたがって、複雑・多岐な綾を示している。実定法学の素養に乏しい私にとっては、これらの複雑な問題をこなすことは、すこぶる困難であった。さいわい、前に法学協会雑誌に書いた「法と事実の関係について」、および、京城大学法学会論集に載せた「慣習法の成文法改廃力」という二つの論文があったので、それを土台として、できるだけ多角的な論述を試みて見たが、もとよりはなはだ不十分なものであることをまぬかれない。さらに将来の検討を期したいと思っている。

日本法哲学会の出版物は、すべて朝倉書店の手によって刊行されている。朝倉書店がこの事業のために示してくれている熱意は、一般の営利企業には容易に期待し得ないものがあるといってよい。本書の上梓にあたって、その誠意と協力とに深い敬意を表すると同時に、同書店編集部の安保清嗣君の一方ならぬ骨折りに対して、心から感謝して置きたい。

昭和二四年七月一日

尾高 朝雄

第一章　法と事実の関係

一　法における規範と事実

法と事実の関係は、すこぶる複雑・微妙であって、この関係を手がかりとして考察をすすめて行くと、さまざまな法哲学上の重大問題をたぐりよせることができる。いや、事あらためて問題をたぐりよせるまでもなく、そもそも法は規範であるか、あるいは事実であるかということが、すでに根本の問題なのである。

一方からいうと、法はたしかに規範である。人間の生活は、法によってあまねく規律されている。借家人は家賃を支払わなければならないし、国民は国法の定める通りに租税を納めなければならないし、官吏は法規を按じ、国民の総意にしたがって、国家の公務に精励しなければならない。それらは、いずれも法の規範性のあらわれであって、決して単なる事実ではない。それは、それに違反する事実があっても、なおかつ守られなければならないところの準則であり、掟である。だから、学者は、法は規範であり、当為の法則であるという。

しかしながら、他方からいうと、法たる規範は、原則として社会生活上の事実となって行われている。借家人は家賃を払い、国民は租税を納め、国家公務員は日々の職務に精励している。もしも借家人が家賃を支払わなければ、家主は最後には裁判所に訴えるであろう。裁判官は、借家人にその債務を履行することを強制するであろう。もしも国民が租税を納めなければ、税務署は督促状を発するであろう。それでも怠納をつづけるならば、財産差しおさえの処分を行うであろう。それらは、いずれも、人間の事実上の行為である。そうして、そのような事実の連鎖の中に法があり、秩序がある。したがって、法学は、まさにかように、法が社会生活の事実として行われている有様を探究しなければならないということも、同じく真理なのである。

たとえば、過去の時代の法を研究する法史学にとって、その研究の対象となるものは、決して単なる規範ではない。むしろ、或る時代には事実いかなる法が行われていたかが、その考察の目標となるのである。古代ロオマの法律訴訟はどういう仕方で行われていたか、ゲルマン民族の所有は事実上いかなる形態のものであったか、中国の唐代にはどんな種類の刑罰があったか、等々、歴史上の事実現象となって実現されていた法こそ、まさに法史学の研究しなければならない「法」なのである。イエリングのいう通り、「法の機能は、一般に、自らを実現するというところに存する。実現されないものは、法ではない。逆に、この機能をいとなむものは、それがまだ法とは認められていない場合にも、なおかつ法である」[1]。こういう見方からすれば、いかに法規があり、法典が存しても、その中に自らを事実として実現する機能をいとなまない部分があるとすれば、それは法ではないといわなければならないであろう。

故に、法をその実現された形において見た場合には、法は単なる規範ではなくて、むしろ事実であるという理論が成り立つ。いや、単にそればかりではない。法は、それを、その定立される根源にさかのぼって考察した場合にも、同じく事実に立脚するものであることが知られる。

法は、人間の意志によって定立される。もっとも、むかしは、ほとんど例外なくすべての民族が、法は神の意志であると考えていた。近頃の国法学者は、法を国家の意志として説明し、民族全体主義者は、法は民族の意志であると主張した。けれども、神の意志や、国家もしくは民族の全体意志は、目に見えず、耳にも聞えない。これが神の意志であるとして示されたものは、呪禁師や神官が神の意志として判断したものであるにすぎない。国家の意志は、国の立法機関、たとえば議会の決定によって構成されるのであるし、民族全体の意志は、壇上に立って獅子吼する独裁者の意志にほかならない。あるいは、自然法論者は、人間が作る実定法の根柢には、だれが作ったのでもなく、人間の本性にしたがって自然に行われている法があるという。慣習法論者も、民族生活の中に無意識に生成して来る法こそ、真の法であると論ずる。しかし、それらの自然法や慣習法も、社会に生活している現実の人々が、それにしたがわなければならないと意識し、あるいは、それにしたがうことを便宜と感ずるからこそ、法として行われているのである。しかるに、それらの判断や、決定や、意欲や、意識や、感情は、すべて人間の心理的・社会的な事実である。君主主権の国では、君主の意志が法と見なされ、国民主権の国では、国民の多数意志が法となる。かくて、法は、そのことごとくが、人間の事実上の判断や、意志や、決定によって定立される。したがって、法はすべて事実から生れ、事実として行われる。ここに、法は事実であるという理論の最も強い根拠がある。

けれども、それにもかかわらず、法は規範であるという主張は、依然として真理である。なるほど、法は人間の事実上の意志や判断によって生み出される。しかし、法を生み出す人間の意志や判断は、そのままの形ですでに法であるわけではない。人間の意志や判断は、それが法として表現されることによって、はじめて法となる。そうして、客観的に表現された意志や判断は、客観的に表現された形をもつことによって、主観的な人間の心理過程から離れた、それ自体としての「意味」をもち、意味のある命題として人間の行為を「拘束」する。それが法である。そうして、そのような形で通用するところの法は、まさしく一つの規範である。

人間の思想や意欲や感情は、それ自身としては、主観意識の世界において流動して行く過程である。しかし、それらの流動する心理過程は、言葉や、文章や、芸術作品として表現されることによって、主観精神からはなれて独立した客観的存在となる。[2]そのようにして客観的に表現された学問上の思想や、道徳上の意志や、芸術的な感情は、それを生み出した人の気もちが変っても、それにつれて変化することのない客観性をもつ。学者が学説を改めても、前の学説は依然として学界にその存在権をもちつづける。芸術家が同じ構想にもとづいていくつかの作品を制作した場合、旧作の方がかえって新作よりも高い価値を有することもある。かくて、客観化された人間精神のあらわれは、それを生み出した人が死んだのちまで、それに接する多くの人々によって理解され、それを理解するすべての人の共同財となって行く。

法が人間の意志によって作られるにもかかわらず、それを作った人間の現実の意志過程からはなれて、客観化された規範意味として存在するようになるのも、それと同様である。もちろん、法の場合には、たとえば議会の多数意志によって法律を作っても、のちに議会の政治勢力が動いたり、社会情勢が変化したりすれば、以前の法律は廃止されて、新たな立法意志によって新たな法律が制定される。その点で、法は、学問的・芸術的な作品などにくらべて、現実の政治意志の動きにはるかに多く依存している。しかし、それでも、現実の政治意志によって作られた法は、現実の政治意志そのものではなく、それからはなれて客観化された存在となり、逆に政治の行われる筋道を定めることになる。したがって、その立法に反対していた少数の政治意志はもとよりのこと、その立法の原動力となった多数の政治意志もまた、新たな立法によってその法が置きかえられるまでは、その法の規約を守らなければならない。故に、法は、国民生活のあり方を規律するばかりでなく、政治の現実の動きに対しても、その目標を示し、その軌道を決定する。そのような法の存在性格は、まさに規範としてのそれであるといわなければならない。

それであるから、法は一方では規範であり、他方では事実である。いいかえると、法を単なる事実であると見ることは、それを単なる規範としてとらえることと同様に、あやまりである。さらにいいかえるならば、規範性と事実性とは、法の併せ備えなければならぬ二つの性格である。

ところで、法の備えるこれらの二つの性格は、互に相容れ得ない場合がすくなくない。規範として定立されたことが事実上無視され、社会生活の事実が法たる規範から逸脱することがいかに多いかは、たれしもが日常経験するところである。しかも、法はそれと相容れ得ない事実と対立した場合に、最もあざやかにその規範性を発揮する。故に、法における規範と事実とは、互に矛盾する。

けれども、この矛盾は、決して「架橋され得ぬ深淵」によってへだてられた絶対の対立ではない。[3]もしも両者の間の矛盾が絶対に架橋を許さぬ対立であるとするならば、法は規範であって事実ではないか、あるいは、事実であって規範ではないかの、いずれかでなければならない。しかし、そのように見ることが、それをどちらと見るにしてもあやまりであることは、いままでに述べて来たとおりである。また、実際問題としても、法たる規範は、むしろ原則として事実によって裏づけられている。法たる規範が事実行為の反逆を受け、事実状態によって破られている場合は、いかに多いように見えても、正常の社会生活においてはむしろ例外なのである。法が国民によってそのままに遵守せられ、たまたま法規範にそむく行為がなされても、それに対する裁判が法の示すとおりに行われ、政治もまた法の軌道にしたがって作用している場合には、法における規範と事実とはまさに一致しており、両者の矛盾はなごやかに解消している。それは、法が、規範であると同時に事実たる状態にほかならない。

しかしながら、それにもかかわらず、他の場合には、法のもつ規範性は、事実と対立し、現実と矛盾する。あるいは、社会生活の事実からぎごちなく遊離している。それは、法たる規範が事実によって破られている状態であり、もしくは、現実の社会生活が法規範の指示するところとは別個の方向にむかっていとなまれている場合である。法が規範であるかぎり、こうした事実との矛盾は大なり小なり避けがたい。そこに、法の本質があり、法の本質に根ざした悩みがある。

法における規範と事実のこの矛盾は、人間そのものに内在する矛盾のあらわれであるということができよう。法は人間生活の秩序の原理であり、人間の本性にはそもそも矛盾が内在しているからこそ、法の中に規範性と事実性との矛盾が著しくあらわれて来るのである。なぜならば、動物の世界にも秩序はあるが、その秩序は、規範によって保たれている秩序ではない。「鳩に三枝の礼あり」というけれども、それは人間が鳩の生態からくみ取った寓意であって、鳩そのものの生活に規範としての礼があるわけではない。そうして、規範のない世界は、当然に、規範と事実との対立を知らない世界なのである。また、反対に、天使の社会というようなものがあって、そこの住民はすべて理想さながらの生活をいとなんでいると仮定するならば、それは規範が飽和して事実と完全に合致している状態を意味するであろう。そこにも、規範と事実との対立は起らない。「七〇にして心の欲するところにしたがえども矩を踰えず」という境地に達した孔子の晩年もまた、規範と事実の完全に一致した境涯にあったものということができよう。これに反して、一般の人間生活では、理想と現実とが対立している。多面・多角の目的の間に、解決しがたい矛盾がある。したがって、一つの目的によって規範が定立されても、他の目的にしたがって生ずる事実が、この規範を裏切るということになりがちである。しかも、規範の方が常に正しいとされ得るわけでもなく、規範と合致しない事実がかならずしも排斥さるべきものとはかぎらず、規範に対しては、さらにその評価尺度たる別個の規範が立てられ、規範を批判するための規準が、かえって尊重せらるべき事実の中に求められるというふうに、規範と事実とがきわめて複雑に錯綜し、重畳し、対立しているのが、人間の社会生活の姿である。その間を縫って、人間の共同生活が混乱におちいることを防ぎ、政治社会の統一を維持して行くところに、法の任務がある以上、法の中に多角的な規範と事実の矛盾が内在して来るのは、当然のことである。

ところで、法は、法に内在する規範と事実の矛盾を、決して矛盾のままに放任しているわけではない。この矛盾を矛盾のままに放任し、これに対して拱手傍観しているだけならば、法の存在意義はない。法にとって最も大切なことは、人間性に由来する規範と事実の矛盾を緩和し、両者をできるだけ互に接近・結合せしめ、人間社会においていとなまれる多様な目的活動をば、円滑に、秩序正しく進展せしめるにある。

人間が人間なるが故に、その社会生活の中に本来互に矛盾し、対立している二つのものを、なおかつ接近・結合せしめ、両者をできるだけ合致せしめて行くということは、もとよりきわめて困難な仕事である。しかも、この困難は、事実を一方的に規範に合致せしめさえすれば解決するというような単純なものではないことによって、さらに倍加される。規範が正しい目的に立脚し、事実がそれから逸脱している場合には、法の仕事は、事実を矯正して規範に合致させることに集中されてしかるべきである。けれども、時にはまた、事実こそ尊重せらるべきであって、法たる規範がそれから遊離しているのは、法に欠陥があるためであることも、かならずしもまれではない。そういう際には、逆に法そのものを矯めなおして、これを事実に接近せしめるという工夫を講じなければならない。そのけじめを何に求めるかは、さかのぼって法の理念のとらえ方いかんの問題であり、したがって、法哲学の問題である。また、事実を規範に合致せしめるにせよ、逆に、法を事実に接近せしめるにせよ、この仕事をいかにして効果的に遂行するかは、立法の問題であり、法の解釈・適用の問題であり、さらに、法の技術の問題である。かくて、法と事実の関係についての法哲学上の考察は、自らにして、実定法学の具体問題と深く結びつくこととならざるを得ない。

（1） Jhering: Geist des römischen Rechts, 1. Teil, S. 40.

（2） いくつかの言葉を一定の順序に排列すると、そこに一つの命題ができる。このような命題は、最初はだれかがそれを考え、それを表現したことによってでき上ったものであるに相違ない。しかし、言葉の一定の組み合せとして成立した命題そのものは、それが真理であろうと、誤謬であろうと、だれかがそれを現に考え、または語っていようと、いなかろうと、客観化された意味複合体として恒常的な存在性をもつ。このように、流動する主観精神からはなれて客観的に恒存する意味複合体のあり方をとらえ、これを「命題自体」(Satz an sich)と名づけて、その構造を分析したのは、フッサアルの現象学の先駆者たるボルツァノである。Bolzano: Wissenschaftslehre, Bd. 1, S. 76 ff.

(3) Kelsen: Ueber Grenzen zwischen juristischer und soziologischer Methode, S. 6.

二　法的に意味のある事実

このように複雑で多角的な法と事実の関係を考察するにあたって、まず明らかにして置かなければならないのは、「事実」という言葉の意味である。あるいは、法的に意味のある「事実」とは、いかなるものを指していうか、である。

法学者はしばしば好んで事実という言葉を用いる。「事実婚」とか、「事実たる慣習」とか、「法的事実の探究」とか、国際法上の「既成事実」とか、「事実の規範力」とか「犯罪事実」とかいうのが、それである。しかし、その場合にいう事実とは何を意味するかについては、深い検討を加えないですましているのが、むしろ法学者の常であるといってよい。それは、あえてその意味について深い検討を加えるまでもないこととしている態度とも見える。けれども、実は、事実という言葉はきわめて多義であって、その点を明らかにして置かないでは、法と事実の関係についての論究は、一歩も前進しないといっても、過言ではない。

普通、一とおりの考え方としては、これらの場合にいう事実とは、人間の事実行為であり、人間生活の事実上のあり方を意味すると見てよいであろう。事実婚というのは、法律が、婚姻の効力は届出によって生ずるものとしているのに、社会慣行上の結婚式を挙げただけで、届出をしないでいる夫婦関係のことである。事実たる慣習とは、判例の中に採用され、慣習法として一般に通用するにいたっていない、事実上のしきたりを意味する。法的事実の探究とは、成文法の解釈にのみ専念している法学の態度に対して、事実婚の様式や、入会の慣行や、灌漑用水の利用や、その他の事実たる慣習を調査・研究しようとする、法学の比較的に新らしい行き方である。国際法上の既成事実とは、国際法上適法でない武力占領などが行われた場合、それを規範論理的に不法として排斥するかわりに、現に占領が行われているという事実を認め、その占領軍に秩序維持の任務を負わしめるような場合を指していう。それらは、すべて、あるいは単純な、あるいは複雑な人間の事実行為の連鎖である。そのような事実行為の連鎖や、人間の行為の事実上のあり方が、法のなかったところに規範を生み、法を作って行くというのが、イェリネックのいわゆる事実の規範力である。[1] そうして、最後に、犯罪事実とは、最も露骨に法を破る人間の事実行為である。かくて、法学者のいう事実は、すべて人間の事実行為を意味する。そうして、それは、漠然としたいいあらわし方としては、もとよりそれでさしつかえない。

　しかしながら、法学者が問題とする事実とは、決してすべての人間の事実行為ではない。たとえば、人が自然に呼吸をしたり、疲れて眠ったりすることは、何人もが日常くりかえしている事実行為であるが、それを探究して見たところで、法的事実の探究にはならない。それらは、原則として「無意味な事実」である。そうして、無意味な事実は、自然現象と同じように、規範による規律の対象とはならない。フレエザアのいうように、「食え」または「飲め」と命ずる法はない。火の中に手を入れることを禁ずる法もないのである。[2]

もっとも、「食え」または「飲め」と命ずる法はないというけれども、それはいわば原則であって、例外がないわけではない。例外的には、それらの、だれもが当然にする、もしくはしない事実行為が、規範の規律の対象となることがある。たとえば、学校で体操を行っているとき、深呼吸という号令がかかっているのに、故意にあたり前の呼吸をしている生徒があれば、その生徒は叱責されるであろう。いかに過労のためとはいえ、列車を運転している機関士が居眠りをして事故を起せば、その機関士は業務上の過失の責任をまぬかれないであろう。飲みたくない薬も飲まなければならないのは、病人に課せられた規範である。食卓に出された料理を食べるのは、客に招かれた者の礼儀である。消防士は、必要とあれば燃えさかる火焔の中にさえ躍りこまなければならない。故に、自然のままにふるまう事実行為といえども、時には、それをすることが規範となり、あるいは、それが規範にそむく行為となる場合があることが知られる。

これらの事実行為を一般化して分析して見ると、それを大体として三つの種類に区別することができよう。

第一の種類に属するのは、規範にかなった事実である。青で通行し、赤で停止するのは、交通の規則である。そして、銀座四丁目の四角で、大ぜいの人々が信号標識灯の示す通り、一糸みだれず停止したり通行したりするのは、規範にかなった事実行為である。次に、第二の部類に数えられるのは、規範と合致しない事実である。交通巡査の命令にしたがわずに行動したり、無賃乗車をしたりするのが、それであることは、いうまでもない。最後に、第三の種別として挙げられ得るのは、規範に対して中性の事実である。いいかえると、規範にかなっているわけでもなく、さればといって、規範に反しているわけでもないような行為もしくは状態である。人のいない部屋であくびをしたり、眠って夢を見たりするのは、この種の事実行為であり、事実状態である。もっとも、同じあくびでも、儀式の最中にすれば、非難の的となる。孔子は、夢に周公を見ないことを、自らの心のゆるみとして歎いた。かように、原則として第三の部類に属する行為でも、時と場合によって規範とのかかわりをもつものであることは、前にも考察したとおりである。

　これらの三種の事実の類型のうち、法学の立場から見て最も問題となり、また、それ自身最も複雑な構造をするのは、第二の種類の事実である。第一の、規範にかなっている事実も、もとより法的に意味のある事実行為であり、法の見地からいえば、すべての人間の行為が規範にかなっていることが望ましいのであるが、もしも社会生活の事実が七〇パアセントまで法にかなっているとするならば、その七〇パアセントの事実は、それを事改めて法学によって探究するまでもない対象であるといってよい。故に、法にかなっている事実は、法的には重要な意味をもつが、法学的にはさして重要な研究課題にはならない。また、第三の種類に属する事実、すなわち、規範に対して中性の事実は、法的にも法学的にも文字通り無意味である。これに反して、第二の、規範と合致しない事実は、まさに規範と事実とがくいちがっている場合であって、法的に重要な意味をもつばかりでなく、法学的にも最も興味深い対象を形づくっている。故に、この種類の事実のもつ構造は、さらに立ち入って分析されなければならない。

規範とくに法規範に対して中性の事実の領域を問題外に置くとして、かりにそれ以外の社会生活事実の七〇パアセントが法にかなっているならば、残りの三〇パアセントが、ここに問題となる第二の種類の事実に属する。ところで、そこに見られる規範と事実との喰いちがいには、いろいろな程度の差がある。その喰いちがいが最も大きい場合には、事実は最もけわしく法と対立し、法を破り、法を否定している。犯罪がそれであり、暴力革命もそれである。これを「不法」の事実となづけることができよう。次に、事実が法の規定と喰いちがってはいても、その程度が不法ほどに大きくなく、したがって、刑罰や弾圧の対象とはならない場合がある。たとえば、行政官庁が権限外の行為をしたり、法令と正確には合致しない処分を行ったりするのが、それである。これを、不法から区別して、「違法」の事実ということができよう。第三に、なされている事実行為や、存在する事実状態が、法の規定するところと違ってはいるけれども、それは不法でもなく、また、あえて違法と名づけるほどでもなく、単に法と合致しないという程度にすぎないことがある。事実婚や、法と違った慣行などが、それに属する。それは、不法の事実のように刑罰の対象ともならないし、違法の行為のように行政訴訟などによって救済を求められる事柄でもない。が、しかし、そのような事実から生じた結果は、原則としては法的保護を受けることができない。これに対しては、適当な名称がないが、かりにこれを「法外」の事実と名づけることとしよう。

これらは、いずれも、法に適合していない事実である。いいかえると、これらの事実と法規範との間には、大なり小なりのずれがある。その意味で、それらは、一括して「規範でない事実」であると考えられ得る。

しかし、それが「規範でない事実」であるというのは、それらの事実が、現に遵守を要求されている規範と合致していないという意味であって、あらゆる点で規範と縁がないという意味ではない。よく見ると、それらの事実の中には、現に遵守を要求されている規範とは別個の規範性が含まれている場合がすくなくないのである。たとえば、窃盗団の中にも仁義があり、政治犯人は法を破ることを正しいと確信し、革命行動は自然法に立脚して断行されるといった具合に、不法の事実といえどもそれぞれ何らかの規範をもっている。さらに、行政官が、いたずらに形式的な法令にしばられていては、とうてい当面の事務を合理的に処理し得ないような場合に、あえて権限外の行為をするのは、大きな視野からは、行政事務のあるべき筋道にしたがっているのであるとも見なすことができる。裁判官が成文法の杓子定規の解釈をしりぞけ、事件の具体的妥当性を重んじて判決を下すのは、一つの立場からは違法として争われるかも知れない。しかし、別の見地からは、そのような行為こそ、自由に発見された「生きた法」に立脚する裁判であるとして、判例批評によって高く評価せられるであろう。規範からずれている事実が、それ自身の規範をもち、第一の規範が第二の規範によって不当・不合理としてしりぞけられる場合のあり得ることは、おおよそかくのごとくである。

とくに、法規範からずれている事実に独自の規範性が認められる重要な場合は、前に、かりにそう名づけたところの「法外」の事実である。法外の事実が属するのは、大体として民事法の領域である。そこには、成文法国であれば、民法や商法の周密な規定が設けられている。それによって、社会に生活する人々の間の権利・義務の関係が明らかにされているのである。もしも法の定める権利が侵害されたり、義務が履行されなかったりした場合には、当事者の訴訟提起を待って、民事裁判が開かれる。そうして、その結果によって、侵害された権利は回復され、不履行の債務は強制的に履行せしめられるのである。しかるに、社会生活をいとなんでいる人々は、かならずしも法の定めたとおりの要件を備えないで、互に関係づけられている。たとえば、民法は婚姻の要件として戸籍吏への届出を挙げているのに、その形式上の要件を具備しないで事実上の夫婦関係を結んでいる男女がすくなくない。そのような事実婚の場合には、夫が妻を非道に離別しようとしたとき、妻はそれを裁判所に訴えて、婚姻関係の継続を求めたり、慰藉料を請求したりすることは、正規の手つづきとしては不可能である。故に、そのような事実は、原則として法の保護の外に置かれている。それが、いわゆる「法外」の事実である。法外の事実は、そのかぎりにおいて、成文法の定める規範からずれている。しかし、それは、決して規範性のない単なる事実ではない。事実婚であっても、夫婦・親子の間に守らるべき道徳があることは、明らかである。民法上の所有権の概念をもっては律することのできない入会の慣習の行われている山村や農村においても、山林の生産物を共同に利用するという掟があり、規範がある。したがって、もしも学者が、規範からずれている事実を単なる事実として考察しているのであるとするならば、そのような考え方は、正当でもないし、また、正確でもないといわなければならない。

　故に、普通に、規範と事実との矛盾とか遊離とかいわれている現象は、厳密に考えると、決して、事実のともなわない規範と、規範性をもたない事実との間の矛盾や遊離ではないのである。なぜならば、三〇パアセントまでは事実によって裏切られている法規範にも、七〇パアセントまでは社会生活の事実が追随している。また、法規範から遊離している三〇パアセントの社会生活の事実にも、それにはそれなりの生活規範が内在しているからである。ただ、たとえば成文法によって定められている規範と、それに合致しない社会生活の事実を規律している規範とは「別個の規範」なのである。その点をはっきりととらえることは、法における規範と事実との関係を考察するための、根本の前提であるといってよい。

　改めていうならば、法的に意味のある事実は、事実ではあるが、その中に規範を含んでいる。それは、規範にしたがう人間の行為であり、規範によって方向づけられた社会生活の事実である。それにもかかわらず、規範と事実との喰いちがいが問題になるのは、その場合に基準としてかかげられている規範と、その規範に合致しない社会生活の事実を方向づけている規範とが、大なり小なり対立したり矛盾したりしているためである。いいかえると、規範と事実との喰いちがいは、実は、多くの場合、同時に規範と規範との喰いちがいなのである。それは、法と道徳の喰いちがいであることもある。形式的合理性にかなうように定立された成文法規と、社会生活の実質的非合理性に適合する経済的慣行とのずれであることもある。或る政治目的に奉仕する法と、その法を破ろうとする政治理念との衝突であることもある。それは、成文法と法的慣習との対立であり、国家法と社会法との矛盾であり、あるいは、一定の価値観にしたがって設けられている法規と、確信犯人に確信をいだかせている別個の価値観との衝突である。このように多角・複雑な内容をもつ問題であることを認識するならば、法と事実の関係がいかに法哲学的にも実定法学的にも重要な考察の対象であるかが、いっそうはっきりと知られ得るであろう。

（1） Jellinek: Allgemeine Staatslehre, S. 338 ff.
（2） Frazer: Totemism and Exogamy, vol. 4, p. 97.

三　法と事実の闘争

いままで述べて来たところによって、法規範からずれている社会的事実の中にも、道徳上・経済上・政治上、等のさまざまな意味があり、規範が含まれていることが、明らかにされた。そうして、そのように道徳・経済・政治、等の規範や価値観によって方向づけられ、そのために法規範の示す筋道からずれている社会的事実については、そのずれの程度によって、不法・違法・法外と名づけられ得るような三つの種類が区別された。それでは、法は、法規範からずれているこれら三つの種類の事実に対して、それぞれいかなる態度をもってのぞんでいるであろうか。

これらの三種類の社会的事実の中でも、法からのずれが最もはげしく、法と明らさまに衝突し、法を公然と破るものは、不法の事実である。したがって、法は、不法の事実に対しては、当然にこれを駆逐し、これを制圧しようとつとめてやまない。すなわち、法と事実の関係は、ここでは、法と事実の闘争となってあらわれる。この闘争は、法の作用の全体から見れば、むしろ消極の面に属するといってよい。法は、決してただ不法とたたかっているばかりでなく、道徳を保持し、政治の目的に奉仕し、経済を興し、教育・交通・衛生の向上・発達をはかるといったような、さまざまの建設的な機能をいとなんでいるのである。しかし、そのいずれの場合にも、法の促進しようとする目的活動を逆に阻害する事実があらわれるから、法はいきおいこれに不法の烙印を捺して、その駆除につとめるという仕事を、あわせて行わなければならない。その場合、法は、不法とたたかい、規範から逸脱する事実を矯正し、これを規範の縄張りの中に引きもどすために、法に固有の強力な手段を用いる。それが、制度化された「強制」である。法は、不法に対して強制を加える。裁判によって不法の事実の有無を審判し、民事法上の不法には強制執行をもって対し、刑事法上の不法——犯罪——には刑罰を科する。法は、いかなる建設的な機能をいとなむ場合にも、その反面でかならず強制を武器として不法との闘争を行う。故に、強制は法の本質的な契機である。カントのいう通り、法と強制する権能とは、一つなのである。(1)

法を破る事実の中でも、その不法性の最も著しいものは、犯罪である。犯罪は、その内容からいえば、著しく不道徳な行為であるとか、政治上の統一をみだす行動であるとか、一定の経済目的の遂行を妨げる事実であるとか、いろいろであるが、罪刑法定主義から出発して発達して来た今日の犯罪論は、犯罪をば、刑罰法規によって定められた犯罪の構成要件に該当する——違法・有責の——行為であるとして概念する。すなわち、犯罪は、実質上すでに大なり小なりの反価値性を有する数多い人間の行為の中から、法がとくに強権をもって制圧・否定する必要があるものとして、明らかに不法の烙印を捺したところの事実にほかならない。故に、法は、犯罪を制圧・排除するための断乎たる手段として刑罰を用いる。刑罰は、法が露骨な不法とたたかうために使用する露骨な武器である。法が刑罰を武器として犯罪とたたかう以上、その窮極の目的は犯罪の絶滅でなければならない。規範違反の行為に制裁を加え、事実を極力規範に合致せしめ、それによって法秩序の安定をはかるのが、刑罰の機能でなければならない。それであるから、刑罰の目的は、――刑罰に対していかなる哲学上の意義づけが与えられるにせよ、――常に同時に犯罪の防止にある。その意味では、刑罰はすべて目的刑としての性格を備えている。

刑罰の本質が、応報であるか、犯罪に対する社会防衛の目的のための手段であるかは、刑法学における最も大きな争点の一つであるが、応報刑の思想と目的刑の観念とは、普通に考えられているように、互に相容れ得ぬ対蹠の見解であろうか。

刑罰は犯罪に対する応報であるという考え方は、もとより犯罪の重大な反価値性を前提としている。犯罪は、道徳をふみにじり、正義を汚辱する行為である。だから、これに応報としての刑罰を加え、それによって本然の道義秩序を再建し、汚損された正義をふたたび顕彰しなければならない。それであるから、刑罰は、正義が実現される必然の過程であり、それ自身が目的であって、決して他の目的のための手段と解さるべきではないというのである。しかし、いかに刑罰が自己目的の応報であるからといって、この目的を多々ますます実現するために、ますます多くの犯罪の発生を待望するというようなことは、いかに極端な応報刑論者といえども、あえて主張しようとはしないであろう。応報刑論者の立場からいっても、刑罰は犯罪を浄化し、正義の上に加えられた汚辱を拭い去ることによって、一たび失われた法をふたたび回復するものでなければならぬ。ヘエゲルの理論にしたがえば、犯罪は法の否定であり、刑罰は法の否定たる犯罪をさらに否定することによって、法を一層高い立場において実現するのである。(1) 刑罰が犯罪を否定し、法を実現するものであるとすれば、それは、すくなくともその結果において、犯罪を防止し、事実を規範に合致せしめるのに役立つはずである。かくて、応報としての刑罰もまた、犯罪防止の目的にかなうこととなるであろう。

反対に、目的刑の思想は、最初から刑罰をば犯罪を予防するための手段と見る。それでは、犯罪はなぜ予防されなければならないか。いうまでもなく、それは、社会の公安をおびやかし、国家の秩序をみだす行為だからである。そこに、すでに犯罪の反価値性が前提とされていることは、応報刑の理論の場合と変りはない。世の中の人々は、反価値の行為に対しては、それ相応の制裁が加えられることを期待している。多くの犯罪者もまた、自らの行為に対する報いが何であるかを知っている。かかる道徳上の非難や価値観的な反省の上に刑罰の体系を築き上げるということは、刑罰による犯罪予防の効果を挙げる上からいって、ぜひとも必要である。もちろん、犯罪を予防するには、すでに犯された犯罪に刑罰を科するばかりでなく、犯罪の発生に先立って犯罪発生の原因を取りのぞくことが、きわめて大切であるに相違ない。しかし、それはそれとして、犯された犯罪に道徳上の反価値性が認められ、これに対する刑罰に道徳的な非難が籠められているということは、刑罰による犯罪防止の根本義でなければならぬ。故に、目的刑の目的もまた、罪刑必当の正義観の上に築き上げられている。これに反して、犯罪をば価値的に中性の社会病理現象と見なし、犯罪が生ずるのは、犯罪者の責任ではなく、社会制度に欠陥があるためにほかならないとして、「震える手」をもっておずおずと刑罰を科するというような道徳的に確信のない態度は、(3) 法が犯罪に対する闘争において、自ら求めて敗北の道を選ぶものといわざるを得ないであろう。

刑罰をば犯罪防止のための対策とする学説は、刑罰によって一般社会人を一律に威嚇し、それによってその効果をおさめようとする一般予防の理論から、主として犯罪者の個性に著眼し、個別の場合に応じてこれを犯罪から遠ざけようとする特別予防の理論を経て、刑罰の目的を犯罪者の教化・改善に求める教育刑の理論へと発展して来た。それは、犯罪現象の社会学的な研究と、刑法の指導理念の人道主義的純化とに立脚する、刑罰理論の展開である。その反面、国家主義の政治動向がいきおいを得、犯罪をば国家の権威に対する反逆であるというふうに考えられた時代には、応報刑の主張が強く唱えられ、人道主義的な教育刑の思想に正面から攻撃を加えた。しかし、犯罪者の道義的責任を追及して、これに断乎たる制裁を加えようとする態度と、刑罰を活用して犯罪者に対する教化・改善の効果を挙げようとする思想とは、決してそのように尖鋭的に対立すべきはずのものではないと思われる。なぜならば、厳粛な態度をもって犯罪者に道義的な立場からの試錬を加えるのは、ゆがめられた犯人の人格を矯正するゆえんであり、逆に、犯人を教化して、これを共同生活の正常な構成員たらしめるためには、確乎たる人倫の価値尺度をもってこれにのぞむことが必要だからである。すべて、教育は、愛と温情とを基礎とすると同時に、教育者の側から、正を正とし、邪を邪とする毅然たる価値理念をもって、被教育者の肺腑に迫るところがなければならない。そこに、刑罰が刑罰でありながら、しかも同時に教育の手段たり得るゆえんがある。かくて、犯罪を防止し、不法を排除し、規範と事実とを合致せしめるという法の機能は、刑法理論においては、道義的な制裁の法理と教育刑の理想との綜合・調和を求めることとなるであろう。

法が不法とたたかうための峻厳な武器は刑罰であり、刑罰には法の特色たる強制の契機が最もはっきりとあらわれている。したがって、法が刑罰によって犯罪防止の効果を挙げようとするのは、法の法たる機能を純粋に一方的に発揮するゆえんである。

けれども、法は決して単に純粋な法として作用すべきものではなく、また、単に純粋な法として作用することによって、法の目的を十分に達成し得るものでもない。法は強制によって裏打ちされた規範であるが、強制との結びつきを離れて、法規範の内容を見るならば、それは、道徳・経済・政治・技術、等の目的によって規定されている。したがって、法は、その一端においては強制規範であるけれども、他の一端においては道徳規範であり、経済規範であり、政治規範であり、また技術規範である。すでに法がこのような複合規範である以上、もっぱら強制規範の発動のみによって法の目的を達成しようとするのは、法それ自体の本質にもとるものといわなければならない。とくに、法と不法との闘争において戒めなければならないのは、法たる強制規範——刑罰法規——が道徳から遊離することである。なぜならば、犯罪を防止し、社会生活の事実を法規範の示すところと合致せしめるという機能は、刑法が道徳と深く結びつかないかぎり、決して十分に有効には行われ得ないからである。

ごく概括的にいうと、不法の事実を排除して、規範と事実とを合致せしめるための道は、二つの違った方向から開拓されなければならない。その一つは、規範から逸脱する事実に対して制裁を加え、これを規範の縄張りの中に引きもどし、法の常道に立ち帰らしめるという道である。その第二は、法の下に生活している人々が、何故に法規範を遵守する必要があるかということを十分に自覚し、自らすすんで法にかなった生活を実践するという道である。第一の道では、法の強制規範としての特色が主として発揮される。これに対して、第二の道では、法は遵法の道徳の中に融け込み、法的強制は自律的な倫理生活の背景にかくれ去っていて、しかも、道徳上の責任をはたすことが、自らにして法を実現するゆえんとなる。両者は別の道であって、しかも、規範と事実とを合致せしめるという同一の目標にむけられている。したがって、これら二つの道は、二つの道でありながら、同じ一つの指導理念の下に統一されていなければならない。もしも両者が不幸にして分離してしまった場合、すなわち、法の規定と国民の道徳的自覚とが背中あわせに対立している場合には、いかに刑罰を加重し、訴追・裁判・行刑の制度を強化しても、犯罪防止の効果を挙げることは不可能となる。さればといって、法が国民の自由活動の範囲をあまりに拡大し、法的強制を加えることを消極的に手びかえ、法自らの権威について懐疑的な態度を示すならば、犯罪が犯罪者の生存権として正当化されたり、矯激な政治勢力による秩序の攪乱が時を得顔に横行したりして、収拾がつかなくなるであろう。故に、法が不法の事実との闘争に勝利を占めるためには、法は正しく、不法は正しくないというけじめをはっきりさせ、法的強制の上に正義を光りかがやかしめると同時に、それなるが故に、国民がすすんで法を守ることの責任を自覚するというふうになって行くことが、何よりも大切である。

法が道徳から遊離することによって生ずる病理現象は、規範から逸脱する事実に、何らの内面的反省もともなわなくなるということである。単に刑罰を恐れるためだけから犯罪に近づかないという気もちは、裏がえせば、まぬかれて恥じなしという態度になる。それがさらに昂ずれば、法網をくぐり、法の制裁を免れるために万策を弄して、恬としてかえりみるところがないという風潮をかもし出す。これに対して、法を定立し、法を運用する者の側に、確乎たる倫理的価値判断が欠如しているならば、犯罪が道徳上の中性現象として取りあつかわれるために、ますますかような風潮が助長されることになる。

その場合に、一応区別して考えなければならないのは、いわゆる自然犯と法定犯とである。自然犯は、人間本来の道徳秩序を破る行為であり、政治的世界観の変化や、国家の政治目的の遂行とは、原則として直接のかかわりをもたない。偽るなかれとか、盗むなかれとか、殺すなかれとかいうような格律は、普遍的に人類の共同生活に通用する。そのような格律を破ることによって成立する詐欺罪や窃盗罪や殺人罪は、いわゆる自然犯であって、これを処罰すべきことを定めた刑罰規定に関するかぎり、刑法と道徳との遊離ということは起らないはずである。これに反して、法定犯は、政治上の当面の目的を阻害することによって成立する犯罪であるから、それを犯してはならないという規範に対する倫理感情は、最初から欠如しているか、あるいは、自然犯の場合にくらべて稀薄であることをまぬかれない。したがって、ここでは、法と道徳の遊離が常に問題となる。要塞地帯の撮影を厳禁しても、外国から潜入して来たスパイは、危険をおかしてその写真を撮ることに、道徳上の自責を感じないであろう。主食の闇取引きを法令で処罰しても、わずかの米を買出しに行く人々は、生きるためにはこれもやむを得ないと思うであろう。経済統制法などには、きわめて多くの技術上の要素が含まれており、合法・不法の限界が倫理的に中性な立法技術によって決定されている場合がすくなくない。それだけに、法定犯については、法は、法と道徳との遊離、およびそれにともなう遵法精神の虚脱に深く悩まされざるを得ない。

したがって、法は、一応は倫理的に中性な法定犯処罰の規定を設けても、それをできるだけ自然犯に転化せしめるように努力する。元来、自然犯と法定犯との区別はかならずしも明確なものではなく、その間の境界線は、すこぶる流動的である。たとえば、窃盗罪は自然犯であるといわれるけれども、私有財産制度があるから窃盗罪が成り立つのであって、完全な共産主義社会になれば、窃盗罪も強盗罪も財産横領罪もなくなるというならば、窃盗罪といえども法定犯であるとも考えられ得るであろう。しかし、法の立場からいえば、自然犯の領域がせまくなればなるほど、法と道徳の遊離の危険が増大する。そこで、法定犯の規定を設けた政治の力は、その規定に倫理性の裏づけを与え、法定犯を自然犯の領域に編入することにつとめる。

たとえば、戦争に際しておびただしく設けられたわが国の経済統制法に対する違反行為は、本来の性質からいって、その大部分が法定犯の範疇に属していた。しかし、国家の安危を賭する戦争目的の立場から見れば、国民の総力を挙げて築造すべき統制経済の長堤を、人目に立たない蟻穴によって切りくずすような行為は、獅子身中の虫であり、重大な非難に値する背徳である。かくて一つの政治目的のために設けられた法令違反の行為は、滅私奉公・公益優先などという全体主義的な標語の下に、法定犯から自然犯へと切りかえられて行ったのである。(4)

ところで、敗戦後の今日では、戦争によって壊滅に瀕した日本の経済を再建するために、戦時中とは全く性格をことにした政治目的によってではあるが、依然として経済の統制が行われている。それに違反する行為は、その本質からいうと、やはり法定犯である。しかし、それが単なる法定犯であるかぎり、国民は、表と裏とを巧みに使いわけることによって、正直者が馬鹿を見るという結果になることを避けようとするであろう。それを防ぐためには、法的統制の技術を合理化する必要があることももとよりであるが、それ以上に大切なのは、国民自らが、苦しくともすすんで法の規律を遵守するという気もちになることでなければならない。その道徳的な遵法精神の支柱は、どこに求められ得るか。敗戦によってかなぐり棄てられた愛国心を取りもどし、祖国再建という標語の下に、耐乏生活の足なみをそろえるというのも、たしかにその一つであろう。しかし、そのいわゆる耐乏生活とは少数者の利益を擁護するための不当な大衆負担にほかならないという抗弁が声高に叫ばれて、この足なみがかきみだされる。これに対しては、さらに、国民の総意によって制定された法の規律は、いかに厳格なものであっても、国民にとっては自律の拘束であり、自律の拘束に自らすすんで服従するところにこそ、民主主義社会における法と道徳の合致があるということが、一そう根本的な遵法精神の支柱とされ得るであろう。けれども、日本の民主主義が、敗戦によって外から与えられた民主主義であるかぎり、このような新しい道義心の涵養も、単なる呼び声として国民の耳から耳へ通りぬけてしまうおそれがある。かくて、間にあわせの道徳の支柱しかもたない統制経済の法は、国民経済崩壊の危機を是が非でも切りぬけようとして、重荷を負うて薄氷を渡るような足どりをつづけて行く。

法が道徳の支柱を失った場合に生ずる最も深刻な問題は、いわゆる確信犯である。

確信犯も、一種の法定犯である。なぜならば、確信犯は多くの場合政治犯であり、政治犯人が確信をもって破ろうとする規範は、一定の政治動向や政治組織が、その目的をつらぬき、その立場を守ろうがために法定したものにほかならないからである。しかし、単なる法定犯の場合には、それを犯罪として排斥する法は、それだけを取り出して見れば、もともと倫理的に中性な技術的規定から成り立っている。したがって、これに違反する者の側には、法を破るという意識はあっても、それが同時に人倫の道にそむいた破廉恥の行為であるという自覚がない。世間もまた、かならずしもそれに道徳的にきびしい非難の眼をむけようとはしない。これに反して、確信犯の場合には、それを排斥し、それを弾圧しようとする政治の立場は、一定の色彩を帯びた強烈な倫理観によって粧われている。したがって、法もまた、その同じ倫理観に立脚して、高飛車にこれに背く犯罪を処断し去ろうとする。それと同時に、それと同じ政治的価値観を素朴に受け入れて生活している世間の人々も、このような犯罪者に対しては、しばしば蛇蝎に対するような憎悪の眼をむける。だから、確信犯は、倫理的に中性であるどころか、確信犯を犯罪として制圧しようとする立場からいわせるならば、道徳上の最も重大な反価値行為なのである。それにもかかわらず、確信犯人は、まさにそのような価値尺度そのものを絶対に不当であるとして、それとは正反対の立場の倫理的・政治的価値観にもとづき、確信をもって法を破る行動をあえてしてはばからないのである。その意味からいうと、確信犯は、普通の法定犯とは全く趣をことにした、最もはげしい価値観闘争の産物にほかならない。

　確信犯の現象は、このようにはげしい価値観闘争の産物である。確信犯人は、法が峻酷な強制をもって行われていることを百も承知していながら、でき得べくんば法の槍玉に上げられることを避けつつ、しかし、いざとなれば苛烈な刑罰が身にふりかかることを覚悟の前で、殉教者のような態度でその道徳上または政治上の信念をつらぬき通そうとしているのである。したがって、法を基礎づけている政治的世界観が後退を余儀なくされ、法の中に盛られている倫理的価値観が薄弱となっているような場合には、いかなる極刑をもって確信犯の撲滅に狂奔して見ても、時代とともに大きく進展する価値の転換をさえぎりとどめることはできない。ルネッサンス時代のイタリイの自然哲学者ジオルダノ・ブルウノが、その汎神論的自然哲学の改説を迫ってこれに焚刑をいいわたした裁判官たちにむかい、「卿らは、判決を受けた余よりも一層大きな不安をもって、その判決をいいわたしているのである」と述べた言葉は[5]、倫理的確信を失った法への弔鐘として、いつの時代にもあてはまるものということができよう。

故に、もしも法が正しい倫理的基礎を見うしない、自己の良心を麻痺せしめかねて、後めたい心や震える手をもって確信犯を処断しなければならないような事態に立ちいたったならば、すべからく合法の手つづきをもって法それ自体を根本から改革し、確信犯の現象を不法の世界から引き上げて、これに適法性の査証を与えるべきである。反対に、確信犯的な現象が頻発しても、法の立場にあくまでも正しいという強い信念があるならば、これとの正面からのたたかいを逡巡すべき理由はない。ことに、民主主義の法秩序の下では、原則として、あらゆる政治的世界観に対して思想と言論の自由が認められているのである。したがって、民主主義の政治が正常に運行しているかぎり、あらゆる政治上の立場は、合法性のひろい枠の中で、正々堂々と多数を争い得るはずなのである。いいかえると、政治上の確信犯ということは、そこではもはやあり得ないといってしかるべきなのである。しかし、それにもかかわらず、矯激な政治的世界観があって、民主主義の政治の多元性を排斥し、その立場のみを正しいとする絶対主義をつらぬくために、秩序を無視し、ことさらに混乱を惹き起そうとするならば、民主主義の法秩序といえども、ついにはそのような政治行動に不法の烙印を捺さざるを得なくなるであろう。かくて、民主主義の時代にも、不幸な確信犯の可能性は残る。これをいかに処理するかは、最も深刻な法と政治的事実の関係の問題として、のちの考察にゆずらなければならない。

（1）Kant: Metaphysische Anfangsgründe der Rechtslehre. Einleitung in die Rechtslehre, §E.
（2）Hegel: Grundlinien der Philosophie des Rechts, §95 ff.
（3）Radbruch: Einführung in die Rechtswissenschaft, S. 105.
（4）佐伯千仭教授・経済犯罪の理論（大隅、佐伯両氏編、新法学の課題）二九三頁。
（5）Windelband: Die Geschichte der neueren Philosophie, 1. Bd., S. 70.

四　法と事実の融合

法は不法の事実と闘争する。しかし、いかに法が不法とのたたかいをつづけているときでも、法にとって、事実との闘争が目的であるわけではもとよりない。法は、不法の事実と闘争することによって、これを制圧し、これを排除しようとしているのである。したがって、この闘争が法の側に有利にすすめられれば、それだけ、法に背反する事実はすくなくなる。いいかえると、それだけ、事実が法と合致し、法と融合するようになって来る。故に、法は、不法とのはげしい闘争を行っているときでも、常に規範と事実との融合を目ざしてやまないのである。

「不法」の事実に対してさえこのような方針で対処している法が、「違法」の事実や「法外」の事実に対して規範と事実との融合を求めることは、いうまでもない。けれども、違法の事実は、不法のように正面から法に背反するものではないけれども、違法という以上、大なり小なり規範の示す軌道から逸脱しているのである。したがって、それをそのまま適法と認めることは、法の建前に反する。さらにまた、法外の事実は、不法や違法のように法を破ったり、法にたがったりしているわけではないが、それは法の規定する通りの要件を備えておらず、それ故に、法による正規の保護を受ける資格をもたない。それにもかかわらず、法をつかさどる裁判官が、それを強いて法の枠の中に取り込んで、これに法的保護を与えようとするならば、その司法行為そのものが違法の疑いを受けなければならない。そういった事実現象に対しては、法は、いかなる方法によって法と事実の融合をはかろうとするであろうか。

正面の理論からいえば、法は、正規の手つづきによって定立された法令にしたがう行為のみを、正当としているのである。したがって、違法の事実はあくまでも法ではないとして、これを排斥するのが、順当なのである。たとえば、行政法が一定の地位にある公務員の職責を規定しているのに、その公務員がその範囲を逸脱する行為をしたとすれば、それは違法である。法規にしたがって当然なすべき行為をなさず、あるいは、法令に根拠のない処分をするということも、同じく違法である。そのような違法の行為は、場合によっては、ここにいう違法の範囲を越えた不法の事実として、刑罰に処せられたり、懲戒の対象となったりすることもあるであろう。それほどでなくても、その行為は、違法である以上、無効であるべきはずであり、よしんばそれが一応は法的効力をもつにいたったとしても、そのために国民の中に損害を受けた者がある場合には、行政訴訟によってその責任が糾明され、司法権の作用によって、その処分は法的効力の埒外に排除されるべきものなのである。それは、違法が違法であって、法ではないことの、当然の帰結であるといわなければならない。

しかしながら、法の規定にしたがうのが正しいというのは、形式的な意味で物事を割り切った場合の話しであって、実質的にいうならば、法規が常に完全・無欠であり、社会生活の実情にすべてよくかなっているということは、とうてい望まれ得ない。したがって、法をその規定通りに墨守・励行していたのでは、行政事務が渋滞したり、実際問題としてはかえって不便・不都合を生じたりすることが稀でない。そういう場合には、「物のわかった」行政官ならば、法規を楯に取って申請を却下したり、営業や建築の許可を拒んだりするかわりに、融通のある取りはからいをして、国民生活の便益をはかろうとするであろう。それも、法規の厳密な解釈からすれば、違法の行政行為たることをまぬかれないかも知れない。けれども、法の目的は国民の福利の増進にあり、官吏は国民の公僕であるという大乗的な見地からすれば、或る点まで法規の形式からはずれても、そのような取りあつかいをすることが、かえって法的に正しいともいい得る。

もとより、それと同時に、特定の場合にかような融通性のある取りはからいをすることが、はたして他の場合との公平を失することになりはしないか、あるいは、表面は国民生活の利便を旨とする「花も実もある」取りはからいと見えるものが、実は、背後では饗応や金銭などの利慾によってあやつられているのではないか、そのような誘惑へのきっかけを作るものとして、行政法規の厳正な適用をゆるめることは、あくまでも禁止さるべきではないのか、というようなことが、きわめて判定に困難な問題として起って来る。けれども、法の中に、違法をどこまでも違法として排斥するかわりに、大局の利害から判断して、違法の事実をも法的に容認するという傾向がふくまれていることは、否定できない。

それればかりでなく、或る一つの事実行為が違法であるかどうかの判別は、容易に下し得ないことが多い。法規は、いかに精密に制定して見ても、あいまいなところがあり、どちらにでも解釈のできる点がでて来る。したがって、複雑な事務を処理する行政官庁などでは、一々の処分の適法性を厳密に審査していたのでは、とうてい国家活動の速度の要求に応じ得ない。だから、そこでなされる行為には、とくに何らかの理由によって法規から大なり小なりはずれたことをしようとする意図がないでも、瑕疵も起り得るし、違法も生じ得る。しかし、そのような瑕疵や違法を一々にあげつらっていることは、事実上不可能であるし、第一、その違法性を確認することすら容易でない。そこで、法は、軽微な瑕疵や違法をふくんでいるかも知れない行為を、一括して権限ある国家機関の作用として、合法性の枠の中に取り込んでしまうのである。メルクルは、かくのごとくに瑕疵のある行政行為をそのままひっくるめて合法化して行く法作用の原理を、「瑕疵予測」と名づけた。(1) それは、たとえば、登山家や探検隊が所要の装備や食糧を用意する場合に、一定量のウェエストを予測して計算を立てるのに似ている。法は、このように、或る程度の違法の事実をも見て見ぬふりをして合法化することによって、規範と、規範からずれている事実との融合をはかるのである。

これは、ここでは「不法」と区別した意味に用いられているところの「違法」の事実に対して、法が自らそれとの融合を求めて歩み寄る態度である。それでは、不法でも違法でもないけれども、法の定めている要件を具備せず、したがって、正面からは法の保護を受け得ないところの、ここにいわゆる「法外」の事実に対しては、法はどのような態度でのぞむであろうか。

法外の事実は、法の期待するような形式を備えないで行われている社会生活の形態である。それは、とくに民事法の領域にあらわれて来るところの、法と社会生活実態との間のずれである。したがって、そのような事実は、原則として刑罰の対象となったり、法によって積極的に排斥されたりはしない。しかし、それは、法が明確な要件や方式を定めて、それにかなった場合における権利を保護し、義務の履行を強制しているのとは、ちがった仕方で行われている社会生活の事実である。その意味で、それは「法外」の事実なのである。したがって、純理からいうならば、法はそのような事実に対して保護を与える必要もなく、保護の要求に対応する相手方の義務を強制すべき理由もない。そればかりでなく、さような法外の事実の中には、旧来の陋習もあるし、不合理なしきたりも含まれている。さればこそ、法は、明文の規定を設けて権利・義務の関係を合理的に規律し、旧来の陋習に立脚する偏った利益には法的保護を与えることを拒否して、国民生活を、法の立場から見て進歩した方向にむけなおそうとしているのである。それなのに、国民生活が法の期待する方向に追随しようとせず、そのために、法外に取りのこされた事実が行われているのであるとするならば、それをしも法的保護の対象に取り入れようとすることは、法の陥る自己矛盾であるともいえよう。

しかも、法治国家の裁判は、法にしたがって行われなければならぬ。とくに、成文法の規定が整備されている場合には、裁判官は法律にもとづいて権利・義務の関係を判定して行かなければならぬ。しかるに、成文法が或る要件にかなった権利を保護し、これに対応している義務の履行を要求している場合に、裁判官が法外の事実や、成文法にかなわぬ慣習を尊重して裁判するということは、法律に違反するものであるといわなければならない。このような見地から論ずるならば、国家の法作用は民事法外の事実を不法または違法として積極的に制圧する必要はないが、逆にそれに対して積極的な保護を加えるのは、それ自身一つの違法の法作用であるということになる。そこで、裁判官が、違法のおそれのある裁判をすることをさしひかえようとすれば、法外の事実は、依然として法からずれた状態のままに取りのこされる結果にならざるを得ない。

しかしながら、民事法外の事実は、決してそのすべてが「旧来の陋習」であるわけではない。よしんば、そこに多くの旧来の陋習が含まれているとしても、それにかわるべき合理的な権利・義務の関係を確立しようとして設けられた成文法が、常に実際に「合理的」であるとはかぎらない。いや、それがあまりに合理的であり、「進歩的」でありすぎるために、かえって多分に非合理的な要素をふくむ社会の実情にそぐわないこともある。そのような場合には、法からずれている民事法外の事実の方が、成文法の規定よりも、よりよく共同生活の関係を秩序づけることができるであろう。それにもかかわらず、法がそういう事実に対してあくまでも目を蔽い、法規の形式にかなった事実だけを法的に規制して行こうとすれば、その法は、社会生活の実態から遊離してしまうことをまぬかれない。それは、法にとっても、法外の事実にとっても、はなはだ不幸な事柄である。そこで、心ある裁判官や法解釈学者は、何とかして、成文法の杓子定規の規定をずらして、社会の実情にかなった法の運用ができるように配慮して行こうとする。

いま述べたような場合には、法からずれている事実を矯正して、これを法に近づけるのではなくて、法の方をずらして、法と事実との融合をはかることが必要なのである。それには、いろいろな方法があるが、その中でも最も概括的であって、いわば大上段の構えからふり下される手段は、自由法論的な解釈を採用することである。

自由法論は、法における成文法の比重を軽く見る。成文法は、唯一の法源でないことはもとより、最も重要な法源でもなく、したがって、法としては第二義的の意味しかもたないと考える。それでは、法的判断の根源として最も重要な役割りを演ずべきものは何か。それは、一方では条理であり、他方では、社会生活がいかに行われているかという事実である。エエアリッヒの言葉を用いていえば、現実の共同生活の中に「生きている法」であり、「社会団体の内面的な秩序」である。[2] 成文法は、社会生活の事実に立脚している生きた秩序と照合し、それによって支持されていると同時に、それを保護するものでなければならない。したがって、もしも成文法が社会生活の生きた秩序から遊離してしまっているならば、裁判官は、法規をできるだけ自由に解釈し、もしくは、法規の欠缺を補いつつ、むしろそこに、条理にかない、事実に立脚するところの法を自由に「発見」し、それを裁決の規準たらしむべきである。自由法論は、大体としてこのように説く。こうした考え方を大前提としてすすむならば、事実から遊離してしまっている成文法規に拘泥するかわりに、まず社会の事実を尊重するのは、法学として当然の態度であるということになるであろう。
けれども、成文法に明確な規定があるのに、それを無視して、それと矛盾した社会生活の事実に優先権を与えるということは、容易にできる事柄ではない。自由法論や法社会学の「学者」がそういう議論をすることは、容易であるが、法律によって裁判することを本分とする「裁判官」としては、そのような理論を地で行くことは、非常に思い切った態度を必要とする。裁判官にとっては、それは、よくよくの場合でなければできないことだし、そういう態度に出でることは、法的安定性を破る行為として非難されることをまぬかれない。実際また、法は、一方では社会生活の実情に適合したものでなければならないと同時に、他方では、裁判官の主観によって左右されることのない客観的安定性を強く要求する。したがって、一般論として自由法主義を大上段にふりかざし、事実からずれている法規を無視すべきものとすることは、きわめて危険であるといわなければならない。

そこで、法は、そのような大手からの筋道によらないで、むしろ搦手から、法からずれている事実への接近をはかろうとする。その常用手段は、「擬制」である。

擬制は、実際には法規からずれている事実をば、法の定める何らかの要件にかなっているかのように意味づけ、それによって法と事実との融合をはかるための技術である。この技術は、場合によっては、成文法そのものの中に織り込まれていることがある。たとえば、民法上、私権の享有は出生にはじまることとなっているのに、相続については、胎児もまたすでに生まれたものと見なされるごときが、それである（民法旧第九六八条、第九九三条、新第八八六条）。事実問題としては、胎児はもとより「すでに生まれたもの」ではない。受胎は、勿論まだ出生ではない。しかし、民法は、相続に関しては胎児にも権利主体性を認めるのが、条理にかなっているものと見て、事実としては生まれていない者を、すでに生まれているかのように取りあつかっているのである。これと同じような技術は、立法によってばかりでなく、解釈の場合にもしばしば用いられる。たとえば、改正前の民法では、夫の同意を得ないでなした妻の行為は、取り消し得るものとなっていた（民法旧第一四条）。したがって、夫が海外に出かせぎに行っている場合、留守宅の妻が借財をしても、あとでそれを取り消すことが理論上可能であった。しかも、取り消した上でも、現に利益を受けている限度内でそれを返還すればよいと主張し得る余地があった（民法第一二一条）。これに対して、そういう場合には、夫は、出発前に妻に対して、留守中は借金をするなり何なりして暮しを立てて行くようにという、「暗黙の同意」を与えているのであると見なし、それを根拠として妻の取消権の主張を斥けたというのは、解釈によって用いられた擬制である。また、たとえば、民法が婚姻について届出主義を採っているために（民法旧第七七五条、新第七三九条）、法律婚と事実婚とのずれが生じ、いわゆる内縁の妻がしばしばきわめて不利な立場に追い込まれたことは、周知の通りである。これに対して、法の解釈が、事実婚の成立をば「婚姻の予約」であるとして、そのような場合の夫に契約履行の責任を負わせ、契約不履行によって生じた損害を賠償させるようにしたのは、事実上の婚姻を婚姻の「予約」であるかのように取りあつかうという擬制を用いて、法と事実とのずれを是正しようとした努力のあらわれにほかならない。

このように、法は、法自らを「法外」の事実と融合させるために、さまざまな工夫をこらしている。このうち、自由法主義の解釈理論をふりかざすことは、法的安定性の要求と正面衝突をするおそれがある。さればといって、擬制によって、法外の事実を法的要件にかなっているものであるかのごとくに取りあつかう方法にも、自らに限度がある。それら二つの主要な方法のいずれにも難点があるとすれば、残る抜本的な方法は、立法の手段による法律の改正以外にはない。しかし、法律の改正は、いろいろな議論の対立があって、容易には行われ得ない。また、よしんば法律を改正して見ても、その改正法律そのものが完璧ではないし、社会生活の実態も次第に動いて行くから、やがて法と法外の事実とのずれが生ずることをまぬかれない。そこで、ふたたび自由法的解釈の是非が問題となり、法律解釈の技術としての擬制が用いられる。かくて、法と事実とは、ずれては融合し、融合してはまたずれるというふうに、表裏転変の関係をくりかえして行くのである。

（1）メルクルによると、法の規定が周密になればなるほど、実際の法作用が、周密に定められた法令の軌道から脱線することが多くなって来る。それを、一々に違法または無効としてあげつらうことは、不可能である。そこで、実定法の中には、法作用が法令上の要件を完全に備えていないでも、または、その中に或る程度までの不備や欠陥を含んでいても、それを許し、それを見のがして、その作用を法的なものと認めるという原理が内在していると見なければならない。それが、「瑕疵予測」(Fehlerkalkül) の原則である、と。Merkl: Die Lehre von der Rechtskraft, I, 292 ff.

（2）Ehrlich: Grundlegung der Soziologie des Rechts S. 20 ff.

五　問題の展開

以上によって、法における規範と事実の関係を一とおり概観することができた。しかし、そこでは、法と事実との間のずれは、主としてその「程度」の大小という観点からとらえられていた。すなわち、法からのずれが最もはなはだしく、法と正面衝突をしている事実は「不法」である。法は、これに対しては刑罰と強制とを用いて、正面からの闘争をいどむ。次に、法からのずれが不法ほどにははなはだしくないけれども、なお、表向きは法の規定にそむいているような事実は、「違法」である。この種の違法も刑罰の対象となることがあるが、違法の事実が行われるのには、それ相当の尤もな、もしくは、やむを得ない理由のあることもある。そこで、法は、そのような違法をば見て見ぬふりをして合法化し、それによって法と事実との融合をはかる。最後に、不法でもなく、違法でもないけれども、法の定める要件を具備せず、したがって正面からは法の保護を受ける資格がないのは、「法外」の事実である。不法が主として刑法の問題となり、違法が主として行政法に関係が深いのに対して、法外の事実が主たる問題となるのは、民事法の領域である。このような民事法外の事実が保護せらるべきであり、あるいは、尊重するに値する意味をもつ場合には、法は、立法や解釈の方法を用いて、事実からずれている法を、法からずれている事実に接近させようとつとめる。いずれの場合にも、法は規範と事実とのずれをそのままに放任して置かないで、できるだけそれを合致させるように努力してやまないのである。

しかしながら、法と事実との間のずれを、その程度の大小においてとらえ、それぞれの場合に対処する法の態度を明らかにするのは、問題考察の単なる端緒であるにすぎない。最も重要な問題は、そもそものようなずれがいかなる事情によって生ずるかにある。それは、法における規範と事実とのずれの「程度」ではなくて、その「内容」の如何である。そうして、この点に著眼することによって、問題は、これまでよりもはるかに広汎な展開を見せることになる。

法と事実との間にずれが生ずる第一の事情は、法と道徳との関係という角度から考察されなければならない。法はもとより道徳と密接な関係がある。したがって、法は常に何らかの倫理的価値観に立脚し、かならずさまざまな道徳的内容をふくんでいる。しかし、道徳は一元的ではなく、多元的であるから、法を基礎づけている道徳が、道徳のすべてを蔽うということは、望みがたい。したがって、法に内在する道徳と対立するところの、もしくは、それに同化し得ないところの道徳があって、それが法から遊離するようになる。そうして、法から遊離した道徳が社会生活を規律することによって、法からずれた社会生活の事実が行われることになる。それは、法と事実とのずれではあるが、その場合に法からずれている事実は、決して無意味な事実でもなく、無規範の事実でもなくて、道徳的に意味のある、したがって、それ自身に固有の規範性をもった事実である。故に、このような関係は、「法と道徳的事実」との間のずれとしてとらえられる（第二章）。

次に、法と事実との間に生ずるずれの第二の内容は、法と経済の関係として把握されなければならない。経済は、或る意味では、道徳より以上に、深く法と結びついている。しかも、法は経済と結びつき、経済を法の内容に取り入れることによって、経済に一定の型を与える。合理主義の法は、経済を合理的な型の中にはめこむし、統制主義の法は、自由経済を統制経済の方向に引きずって行こうとする。しかし、経済は、決してそう易々と法の意のままに型どられたり、方向づけられたりはしない。その結果として、法の期待する経済のあり方とは違った、社会経済の現象が生じて来る。合理的な取引きの関係を法定しても、それとはことなる様式の取引きが行われる。統制経済を強行しようとしても、その裏側では、依然として法の抜穴を通って自由経済の水が流れる。故に、この場合の法と事実とのずれは、「法と経済的事実」との関係として探究されることになる（第三章）。

法と事実の関係は、第三には政治との関連において論述されなければならない。法は道徳的内容をもち、経済的意味を有すると同時に、さらに最も緊密に政治と結びついている。法は、直接または間接に一定の政治動向と歩調を合せ、政治の力によって作られたり、廃止されたりする。しかるに、政治は、道徳以上に多元的であり、しかも、互に相容れ得ない政治と政治との間には、犬猿もただならぬ険しい対立が生じ、しのぎをけずる闘争が行われる。それ故に、一定の政治力によって作られ、その政治動向と歩調を合せている法と、まさにその政治動向を打倒しようとする政治勢力との間には、しばしば、倶に天を戴こうとしない分裂の関係が生ずる。そのいきおいが窮まれば、法と対立する政治は、実力に訴えても法を破砕しようとするであろう。そうなれば、法もまた、そのような政治勢力を実力によって抑圧しようとすることにならざるを得ないであろう。だから、法と政治とが対立することによって生ずる法と事実とのずれは、この一聯の問題の中でも最も深刻な背反関係にまで発展する可能性がある。そうして、それは、すなわち「法と政治的事実」の背反にほかならない（第四章）。

その内容の点から識別され得るこれら三つのずれのうち、往々にしてはげしい爆発点にまで激化する「法と政治的事実」との間の背反は別として、他の二つ、すなわち、「法と道徳的事実」および「法と経済的事実」の間に生ずるずれは、しばしば、成文の法規と事実上の慣習との間の喰いちがいとなってあらわれる。成文法と慣習との間の疎隔は、或る場合には、法が合理的に規律された社会生活のあり方を求めているにもかかわらず、社会生活が依然として非合理的な旧来の陋習を棄てかねているために生ずる。そういう場合には、法を曲げて慣習に接近せしめなければならない理由はない。これに反して、他の場合には、成文法が道徳生活や経済生活の実情にそぐわないために、法とはちがった慣習が発達して来て、その結果、法と事実との疎隔が生ずる。第二のような場合には、法解釈学者や裁判官は、さまざまな論理や擬制を用いて、成文法を破るという形を避けながら、実際に適した慣習によって法を運用することができるように力めるであろう。しかし、成文法と慣習とが明らかに対立し、矛盾している場合になって来ると、その慣習によって実際問題を裁くことは、成文法を破るという結果にならざるを得ない。そこで、慣習法は成文法を改廃する力をもつかどうかが、法理論上の大きな問題となって来る。法と事実との関係を論ずる以上、どうしても、このような「成文法と慣習法」との対立の調整という問題を正面から取り上げなければならない（第五章）。

以下、ここに筋書として示された順序にしたがいつつ、これらの四つの問題をそれぞれ一章ずつにわけて、論述して行くこととしよう。

第二章　法と道徳的事実

一　法と道徳共同体

人間の共同生活の第一次秩序は、主として道徳から成り立っている。そこには、自然の和合があり、強いられることとなしに行われる扶助があり、相互の協力がある。そのような第一次秩序だけで事足りる世界では、人間生活を維持するための物質的条件は、多くの人々の共同の利用に供せられる。したがって、自分のみが独占して、他人の使用を絶対に排除することのできる個人所有権というような観念は、稀薄であり、かつ漠然としている。かように、物の面で自他の限界がはっきりしていないという状態と対応して、心の面でも或る意味で同じような自我意識の不明確さがある。というよりも、自我の観念が他人の上にも拡大され、他人が他人でありながら、しかも自我の一部分として意識される。むしろ、或る場合には、他人の存在の方が、小さな肉体で限界づけられている自我よりも、はるかに貴重なわれであるとさえ観ぜられる。それだけ、人間の利己性の上に、美しい人間の利他性が優越する。人間の利己心が貪婪な排他性をもって自己を主張しないところでは、人と人との間の和解し得ない闘争も起らない。闘争の起らないところでは、争いを裁くための法も必要でない。中国の古人は、法三章にして足りることをもって、統治の理想となした。その意味で、第一次的な道徳秩序だけで成り立っている社会は、原則として法を必要としない共同生活の形態であるといってよい。

　このような道徳一元的な人間共同生活の秩序は、きわめて素朴な形態において人類の歴史の起点たる原始共産社会の中に存在したと想像される。原始社会の状態や内部構造は、今日では科学的に推定することは困難である。しかし、古代社会の研究や未開社会の民俗学的調査の結果から推して、単純な構成をもつ氏族や部族、等の血縁団体の内部では、個人の独立した存在は認められず、すべてを全体本位に規律する幼稚な共同体倫理が支配していたと見てよいであろう。逆に、マルクス主義が人類の歴史の窮極点に想望する完全な共産主義社会も、その規模においてこれとは全く比較にならぬ人類全体の勤労者社会ではあるが、内部構造の本質からいうと、このような道徳一元的な秩序と多分の共通性をもつ。そうして、そのような高度共産主義の社会では、もはや強制秩序としての法の必要はなく、強制秩序の維持のために設けられた国家の制度もまた、自然に枯死してしまうものとされているのである。

かように、強制秩序としての法を必要としない一元秩序の社会構成は、あるいは、歴史の起点において小規模な血縁社会として推定され、あるいは、歴史の終点において大規模な人類社会として望見されている。しかし、それよりももっと現実性の多い歴史の中間段階においても、これと或る点までの類似性をもつ道徳共同体が存在していることは、たしかである。そのような道徳共同体は、その存立の条件として、一面では親近な血縁社会であり、他面では密接な地縁社会であることが必要であろう。したがって、それは、現実には、比較的に単純で小規模な社会構成としてのみ可能であろう。そこでは、人々は、ギディングスのいう強い「同類意識」によって結ばれている。[1] そこに生活する人々の自我観念は、排他的な個我意識ではなくて、フィイアカントのいわゆる「我等意識」である。[2] そうして、意識の面でのかような共同性には、人間の生存の物質的条件を利用する面での共同性が照応する。典型的な血縁社会である家族の内部では、——市民社会的な個我観念が浸徹して、人々の縄張り争いが狭隘な利己心を目ざめしめていないかぎり、――住む家も、家の調度も、せまい庭も、庭に咲く草花も、家族員のたれかれのものであるよりも先に、まず、家族みんなのものである。先祖代々同じ土地に生活し、協力して植林し、共同で雪崩を防いだ山村の住民にとっては、山の枯枝は、みんなの燃料であり、下草は、たれかれの区別のない村人共同の堆肥の材料となる。人々の間の我等意識が、そうした入会的な総有関係を基礎づけ、特定人の排他的利用を認めない共同所有の関係が、不断に血の通う人々の共同体意識を新たにする。そのように、個人の対立・排他の観念の生起する余地のない生活共同体の構成は、テンニイスによって、「利益社会」と対立する「共同社会」として、あざやかに類型化して示された。

テンニイスのいう共同社会は、道徳的に一元化された秩序をもっている。その秩序は、身分的な上下の関係を支柱として維持される。したがって、そこにも身分法と名づけらるべき「法」があるといえばいえないことはない。[3] テンニイスは、社会結合の形態の面から見た歴史の動きを、共同社会から利益社会への移りゆきとしてとらえた。それは、法の面から見れば、メエンのいう「身分から契約へ」の変化と照応する。[4] しかし、共同社会の身分秩序は、一種の法秩序であるということができるとしても、その法は、利益社会的な対立関係を秩序づける法とは、およそ趣を異にしている。利益社会では、人々は、各個別々の個我として対立しながら、ただ単に表むきの利益が一致しているかぎりにおいてのみ、互に結合しているにすぎない。そのような社会では、利害が対立して来れば、たちまち上べの平和は破れて、内面の抗争が表面化する。したがって、破られた平和を回復するためには、裁判によって、一方の権利を保全し、他方の責任を強制的に追及することが必要になる。メエンは、そのような法的関係を契約によって代表させ、テンニイスは、それを債権法的構造をもつものとして説明した。これに反して、共同社会では、いかに人々が争うことがあっても、その内面には自然の愛情と根源の理解とが流れている。そのような社会関係の秩序は、表面のいさかいによって根柢から崩れるおそれはない。したがって、その救済を裁判に求める必要もないし、他律的の強制によって、破られた秩序を修復するにも及ばない。故に、もしも裁判による権利の救済や義務の強制をともなうことを法の本質と見るならば、典型的な共同社会の身分秩序は、法ではないといわなければならない。よしんば、例外的に闘争が激化した場合に、例外的に家族の長者や部族の権威者が、それを強制によって裁定することがあるとしても、そのような法的裁決を必要とすることは、共同社会にとっては、あくまでも例外であって、その常態ではない。

かくのごとくに、法の発達と裁判制度の整備とを必要としない共同生活の形態は、しばしば学者や思想家によって牧歌的な憧憬をもって記述される。テンニイスの「共同社会と利益社会」の理論は、二つの社会結合の形態を対蹠的に分析することを主眼とするものであって、その間に価値的な優劣を認めることを目的としているわけではない。しかし、かれが、それにもかかわらず共同社会を人間結合の真実で純粋なあり方として描写していること、これに反して、利益社会の構造がかれによっていわば百鬼夜行の世界のように示されていること、したがって、共同社会から利益社会への必然の推移を説くかれの歴史哲学が、多分に悲観論の色彩を帯びていることは、テンニイスの理論に親しんだ何人もの、共通に感受しているところであろう。

けれども、冷静に客観的にいうならば、いわゆる共同社会は、多くの点で、非合理的な伝統に執著しやすい沈滞性をもっている。そうして、「愛情」と「理解」とによって結ばれているといわれる人と人との関係も、現実には、個人の無自覚性による唯々諾々たる奉仕および帰依として説明さるべきものが、すくなくない。そのような自覚度の低い愛情や奉仕や帰依の関係は、特定の狭い血縁社会や地縁社会の中でのみ、あたりまえのこととして通用する。いいかえると、そこに異質の分子が社会構成員として介入して来れば、あたりまえのこととして通用していた奉仕や帰依の秩序は、それだけかきみだされることをまぬかれない。したがって、共同社会は、単に狭い血縁社会や地縁社会として成立するばかりでなく、異質の社会団体との自由な交流を好まない、「閉ざされた社会」としての性格をもつ[5]。かような「閉ざされた社会」の内部秩序は、主として道徳的な秩序であるとはいえ、その道徳は、概していうと、「上下」の関係を規律する「縦の道徳」として発達する。かかる縦の道徳が支柱となって、法を必要としない「閉ざされた社会」の秩序を維持しているのである。しかるに、縦の道徳は、たとえば親子・夫婦・主従というような、人間の間の上下の身分秩序を固定させる。それは、伝統に執著する、動きのすくない共同生活の形態であり、合理的な人間の自覚と個人の平等化とを妨げる生来の身分関係であり、一言でいえば、「封建的」な構造を有する非合理社会である。共同社会といえば、とかくに牧歌的憧憬の的として美化した形で思い浮べられる傾向があるが、それだけに、共同社会の現実態にともなうこのような封建的沈滞性について、とくに認識を新たにする必要があるであろう。

しかしながら、人間の共同生活は、一方では、かくのごとき封建性を有すると同時に、他方では、絶えずひろい世界との交通を求めて、対外的に開放されて行く。交通が発達して、異質社会との交流が容易になり、武力侵略によって、一つの民族が他の民族を併合し、自由交換経済がひろまって、国境を越えた通商・貿易がさかんになる。そうした社会の開放は、人間の慾望を刺激して、それを多様に分化させ、慾望を満足させるための物的対象の独占を求めしめ、それにともなう人間の個人としての自覚を高める。個人の所有権が排他的に確立され、各人の計画と採算によって、相互の合意を媒介とする商品の取引きが行われる。その結果、採算通りの利益を得た者は、さらに利潤を積み重ねるために、物資の生産に従事し、商品の取引きをつづける。そこでは、交換を媒介し、蓄積を容易ならしめるために、貨幣の制度が発達し、各人の財産は貨幣価値に換算され、土蔵の中の千両箱や、金庫の中の札束が、いつ何時でも、いかなる慾望をも満足せしめ得るだけの魔力を発揮する。一方では、富を蓄積した者が、それを「わがもの」として独占することによって、他方では、富をもたぬ者が、「他人のもの」に一指をも染め得ぬ悲哀を痛感することによって、自他の限界がますますはっきりと意識される。そういう社会では「兄弟は他人のはじまり」となり、利慾のためには「骨肉相喰む」争いをくりかえしてはばからない。どんな経歴をもとうと、一たび事業に成功し、財産を蓄積しさえすれば、人の上に立ち、「長者」としてあがめられる世の中では、生れながらの身分によって上下の地位を固定せしめていた封建社会の秩序は、次第に崩壊して行かざるを得ない。

かようにして発達する市民社会は、「開かれた社会」である。そこでは、人々は、利益を求めて訪れる異邦人を、それが自分たちにとっても利益であるかぎりにおいて、たれかれの別なく歓迎する。逆に、そこに自分たちを待っている利益があるならば、どこへでも出かせぎに出かけ、どんな異境にも市場を開拓する。かくて、自由交換経済は国際的なひろがりをもって発達し、それとともに、「閉ざされた社会」を他の「閉ざされた社会」からわけへだてている境界線は、次第に低められて行く。

このように類型化して見られた市民社会は、テンニイスのいわゆる利益社会である。利益社会では、人々は、それが各人に利益を約束するかぎり、互に結合し、協力する。しかし、人々は、いかに結合し、協力している場合にも、自己は自己であり、他人は他人であるという、はっきりとした意識を置き忘れることはない。そこでは、すべての人間は、それ以上にはわかたれ得ないインディヴィデュアルスであり、同じインディヴィデュアルスとして互に平等である。かように平等な個人として互に限界づけられた利益社会の人々は、一たび利害が相反する場合には、たちまち自己の利益を守り、損害をできるだけまぬかれようとして、対立し、抗争する。そのような対立や抗争が、或る限度以上にはげしくなって来ると、市民社会の共同生活は不可能となることをまぬかれない。そこで、市民社会では、各人が自由にふるまい得る範囲を定め、その範囲内の各人の権利を保護すると同時に、その範囲をふみ越えて他人の利益を毀損した責任を追及する制度が、ぜひとも必要になって来る。それが、法である。

もちろん、市民社会にも道徳がある。各人は、法に訴えるまでもなく、それぞれ他人の立場を尊重すべきであり、他人の権利を侵害してまで自己の利益をむさぼろうとしてはならないというのは、市民社会を第一次的に秩序づけている市民道徳である。しかし、自他の対立のはげしい市民社会の秩序は、道徳だけではとうてい維持され得ない。したがって、そこに、道徳秩序を露骨な闘争の侵害から守るための強固な外壁として、強制権力を背景として行われるところの法秩序が発達する。このように、道徳と法とが二元的に重なり合って、それぞれ強靭な自我意識をもって各自己れの生活を経営しつつある人々の間の関係を調整しているところに、市民社会の秩序の本質があるということができるであろう。

血縁的・地縁的に形づくられた単元的な道徳共同体の外廓に、平等な個人をひろく横につらねた市民社会が発達して来るにつれて、共同社会的な身分秩序の縄張りは、次第にせばめられて行く。開かれた社会における個人の自由活動は、閉ざされた共同社会の扉を押しひらく。淳朴な農村にも、都会の商人や金融業者が入り込み、利益本位の取引きが行われる。未墾の土地を見出し得なくなった山村の住民たちは、都市の工場に出て働き、あるいは、遠く海外に出かせぎに行く。経済的にゆとりのある農家の子弟は、大学に学び、市民社会の自由な空気を吸い、人間の個人としての自覚を身につける。そうして、そういう空気や自覚を、沈滞した郷土社会の中に注入する。血縁的・地縁的な共同社会の身分構造は、それによって次第に切りくずされ、共同社会の利益社会化が行われる。いいかえれば、道徳一元的な社会秩序で事足りる世界は、それだけ狭くなり、個人個人の権利・義務の関係がはっきりした、したがって、道徳だけでなく、裁判と強制とによって裏づけられた法秩序の支配する世界が、一元的な道徳共同体の領域を蚕食して行く。

このようにして、次第にせばめられて行く道徳一元的な社会構成の最後の拠点は、「家族」である。テンニイスは、共同社会の典型的な構造を叙述するにあたって、その実例をまず家族にとった。ヘエゲルは、人間社会の道義的秩序を弁証法的に発展する三つの段階に分けて論じた場合、個我に分裂した市民社会に先立つところの、普遍我の優越した社会構成の段階をば、そのまま家族と名づけた。家族は、それを取り巻くひろい世界の市民社会化の大勢に抵抗して、最小限度の「閉ざされた社会」としての性格を保持しようとする。裁判を通じて運用され、強制手段によって裏づけられた市民社会の法の介入を排除し、人間自然の愛情と、それを基礎とする道徳とによって、その内部秩序を維持して行こうとする。近ごろまでの日本人は、そこに、古来の「醇風美俗」として保存せらるべき家族制度があると考えていたのである。

しかしながら、いかに人々が家族をば、「共同社会」に対する郷愁を満たすべき最後の城塞として守ろうとしても、家族の共同社会的性格は、とうてい永くその純粋性を維持することはできない。なぜならば、家族の構成員としては、夫と妻、親と子というような身分の関係に結びあわされている人々も、一歩家庭の外に出れば、市民社会の一員として、自他の対立のはっきりした一騎打ちの世の中をわたって行かなければならない。したがって、それらの人々は、個人の所有権をもつし、自己の権利を主張するし、他人に対する義務の履行を法的に強制される。すでに市民社会の一員としてはそういうインディヴィデュアルスの立場に立つ以上、それらの人々が家庭の中に帰って来たからといって、市民社会的個我性をふり棄ててしまうことは不可能である。だから、家族の中にも、夫の財産があり、妻の持参金があり、子供たちの持ち分があり、相続への要求がある。したがって、そこからしばしば家族内部の血で血を洗うような財産上の紛争や相続争いが起る。それは、もはや、単なる愛情や家庭道徳だけでは解決し得ない問題である。そこで、家族内部の秩序を維持し、もしくは、失われた家庭の平和を回復するために、法の介入が必要になって来る。民法は、財産法や契約法のほかに、親族関係や相続関係の周密な身分法的規定を設けて、裁判によって争いを決著させ、権利の保障や義務の履行に強制的な裏打ちを与えざるを得なくなる。かくて、共同社会的な道徳秩序の最後の固有領域たる家族関係さえもが、単なる道徳秩序だけでなく、それと重なり合った法秩序をもつことになる。しかも、法と道徳的事実との間のずれは、まさにそこに最も典型的にあらわれて来るのである。

（1）Giddings: The Principles of Sociology, p. 17.
（2）Vierkandt: Gesellschaftslehre, S. 216.
（3）Tönnies: Gemeinschaft und Gesellschaft, S. 178 ff.
（4）Maine: Ancient Law, p. 151.
（5）Litt: Individuum und Gemeinschaft, S. 234 ff.

二　道徳共同体に対する法の不干渉主義

共同社会的な人間の関係、とくに家族の関係は、もしもそれが自然の愛情とそれに根ざした本来の道徳とによって固く結ばれているならば、あえてそれ以上に法によって秩序づけられることを必要としないであろう。単に、法によって秩序づけられることを必要としないばかりではない。この種の人間関係は、元来、法的な規律にはむかないのである。親友が互に信義を重んじ、愛情を傾けて助け合うということは、道徳ではあるが、法ではない。それを法で規律し、その規律にしたがわない者を罰したり、朋友間の信義を強制するというがごときことは、およそ無意味であるばかりでなく、そのような法的規律を加えることとそのことが、親友の関係をゆがめたものとしてしまうことをまぬかれない。親が子を愛育するとか、子が親に愛著するとか、兄弟姉妹が仲よく暮すとかいうような関係も、それと同様である。したがって、法は、家族のような本来の共同社会関係に対して規律の手をさしのべる場合にも、いまいったような積極的な人間結合の様態は、愛情と道徳とだけにまかせて置いて、ただ、愛情と道徳とが破綻をきたしたような際にだけ、これに強制秩序の裏打ちを与えることを常とする。たとえば、妻が病弱の夫を遺棄して若い燕のもとに走ったり、夫が妻を虐待し、妻をして離縁を決意せしめる原因を作ったり、兄弟が親の遺産の分配についてあさましく争ったりするような場合に備えて、裁判の規準を定め、強制的な裁決の筋道を立てて置くというのが、法としての当然の態度なのである。

しかし、「閉ざされた社会」としての家族共同体の本質からいうならば、その内部にいまいったような愛情と道徳の破綻が生じた場合にも、それを法廷の明るみにもち出して、合理的な法の裁きの下に置くということは、できるだけ避けた方がよい。家族の内部関係は、いかにそこに市民社会的な対立の要素が浸潤して行っても、元来、非合理的な結合を基礎として成り立っている。したがって、そこに生じた争いを、合理的な市民社会の法と同じ方式によって裁くことは、適当でない場合が多い。犬も喰わぬ夫婦の争いを、一々に事荒だてて法廷にもち出すことは、意味をなさないであろう。第三者の窺知すべからざる閨房のことに端を発する夫婦の相剋を、市民社会の法的訴訟と同じように取りあつかって見ても、妥当な解決を求めることは困難であろう。そういう点から見ると、国家の立法の一環として身分法の規定を設け、いざという場合には、裁判により、強制に訴えて家族関係の秩序の破れを修復することができるようにして置いても、そこまで行きつまる前に、家族内部の自治的な統制と、感情の自然の納まりとによって、家庭争議が解決されることが、最ものぞましい。つまり、法としては、閉ざされた道徳共同体の内部秩序に対しては、なるべくは不干渉主義ですすむべきであるという議論が成り立つ。

道徳共同体に対する法の不干渉主義を最もはっきりと示しているのは、ロオマ法であるということができる。周知の通り、ロオマ民族は、最も典型的に法的な民族であった。ロオマ人の社会は、法によってあまねく規律され、その中に生じた問題は、法にもとづいてきわめて合理的に、かつ明確に解決された。ロオマ人の精神をつらぬくものは、最もすぐれた法的思惟であり、ロオマ法は、ロオマ民族の生んだ最大の文化財として、現代にいたるまで大きな影響を及ぼしているのである。しかも、それにもかかわらずロオマ人は、法によって解決され得る問題の性質と限界とを、はっきりとわきまえていた。その限界を越えた社会生活領域については、それを無理に法の規律の中に取りこむかわりに、その内部秩序を保つという仕事を主として道徳的な自治と自由とにゆだねた。そうして、家族生活は、まさにそのように、法があえて干渉の手をさしのべないで、家族内部の道徳的自律にまかせた、最も著しい領域だったのである。

こういうと、多くの人は、ただちに反駁の語調をもって問うであろう。ロオマ法は、家族関係についても、きわめて厳格な規定を設けていたではないか。ロオマ時代の家父は、絶対ともいうべき家父権を有し、家子に対しては生殺与奪の権力をふるっていたではないか。その家父の地位および家父権は、「法」の制度ではなかったといおうとするのか、と。

もちろん、ロオマ民族の場合にも、家族は決して、法によってあまねく規律された全体社会の秩序の中に、法の介入を全く許さぬ離れ小島のように点々として取り残されていたわけではない。すくなくとも、いまここに想定された反問の中に出て来た家父制度や家父権などは、明らかに国民社会の法によって認められていたのであり、その意味では、ロオマの家族制度も「法」の規律の下に置かれていたといい得るのである

しかし、ロオマの家族には家父があり、家父が家族員に対して絶対権をもっていたということは、決して、ロオマ法が家族生活をもその厳格な規律の下にあまねく取りこんでいたことの証拠と見なさるべきではない。むしろ、反対に、ロオマ法は家族の内部秩序をできるだけ道徳的な自治にまかせていたからこそ、その自治秩序の統制の拠点として、家父に絶対権を与えていたのである。つまり、法が家族という道徳共同体に対して最大限度の不干渉主義を採っていたからこそ、その内部秩序が崩壊の危険におちいるような場合をおもんぱかって、家父に主権を認めていたのである。ちょうど、国家の内部の自律秩序が無政府状態におちいることがないようにするために、おのおのの国家の中に法的主権が存在するのと同じように。

このことをきわめてはっきりと説いているのは、イエリングである。しかも、このことについてのイエリングの論述は、決して単なる法史学上の説明ではなくて、法と道徳の関係についての法哲学上の根本問題に深くふれている。故に、ここにしばらく、かれの論述の要旨を跡づけて見

ることとしよう。

イエリングによると、法が社会の諸目的の実現のために寄与する仕方には、一般的にいって二つの違った方式がある。第一の方式による場合には、法は、個々の国民もしくはその団体の自主的な目的活動を尊重し、法としては、それらの目的活動が円滑に行われるための「条件」を整備するという仕事を担当するにとどめる。これに対して、第二の方式による場合には、国家が立法および行政の作用によって、そのような積極的な目的活動を自分自らの手によって実行し、それらの目的をば「強制」によって達成して行こうとする。イエリングは、第一の方法による法秩序をば「自由の体系」と名づけ、第二の方式によるそれをば「強制の体系」と呼んだ。(1)

現実の法体系は、もとより実際には、これら二つの形態のどちらか一つだけに属して、他方には属さないというふうに、截然と区別され得るものではない。いかかえると、歴史上の実定法秩序は、大なり小なり二つの体系の要素を兼ね備えている。しかし、現実の実定法秩序は、大まかにいって、二つの要素のどちらかにかたむいており、それによって、或る民族の或る時代における法秩序は「強制の体系」であり、他の民族のそれは「自由の体系」であったというふうに見て行くことができる。概していうと民族の精神が自立性に乏しく、各人が自由に自己の任務を遂行するという域にまで達していない場合には、法は強制の体系にかたむかざるを得ない。これに反して、民族精神が、自らすすんで道徳的紀律を守り、それにしたがって闊達自在の創造活動をいとなみ得るまでに成熟して来ると、法もまた自由の体系としての発達を遂げる。(2)

イエリングは、法体系のこれら二つの型を区別した上で、「自由の体系」の卓越性を讃美して、次のように説く。

強制の体系の下では、人々は、引紐をつけて歩行を習わせられるようなもので、それによって或る程度まで社会活動を習得することができるとしても、自頼心とか企画性とか実行力とかいうような貴重な性格は、決して伸びない。これに反して、自由の体系においては、人々は、それぞれそういう性格を練磨しないでは、社会的に活動して行くことができないから、いきおい精神の創造性が鍛えられて行く。人間の自由は、ただ単に外部からの制約を受けないという消極的な状態にとどまっているかぎり、何らの倫理的な意義ももたない。自由が倫理的に高い価値を有するのは、人間の創造的な意志力が自由を前提とすることによって、自らの力で自分の世界を築き上げて行くからである。たといどんなささやかなものであっても、自分が手を加える前には存在しなかったものを、自分の力で作り上げ、自分の創造したものの中に自分自身の姿を映して見るということほど、人間に人間自身の価値の感情を植えつけるものはない。それによって、人間は、神の行った創造を継承して自ら世界創造に参加し、そこに、人間が神の姿に似ているという自覚をもつことができる。このような創造的活動をいとなむということは、人間のもつ最高の権利であり、人間の倫理的自己教育のための欠くべからざる手段である。国民の中にかような精神が横溢しているところでは、国家の任務は、人間の意志を法的に強制することにあるのではなく、それとは正反対に、人間意志の創造力をば法的な力として認め、その自由を保護することにこそ存する。(3)

このような立場から見るならば、人間の意志と行動とをあらかじめ定めた型の中に押し込んでしまう強制の体系は、人間の創造的精神に対して加えられた冒瀆を意味するであろう。そこには、そのような体系の前提として、人間の意志力に対する不信が横たわっている。人間は、自由を与えれば与えるほど、それだけその自由を濫用し、悪に走る危険があるという観念が横たわっている。そこで、強制の体系の場合には、何が有益で、何がよく何が正しいかを国家が判断し、そう判断したものを法として制定し、国民に対して一律にそれにしたがって行動することを要求する。かくのごとくに、国家がすべてを呑み込んだ上で、すべてを自分自身から生み出そうとする国家万能の組織は、いかに国民の福祉を名とし、道義秩序の外観を粧っていても、実は、恣意の産物以外の何ものでもあり得ない。そのような法体系は、よしんばそれが国民総会の決議にもとづいて作られたとしても、専制君主の一存によって運用される場合と全く同じように、専制主義の原理にもとづいているのである。したがって、そういう体系を採用することは、個人の人格的自由に対する反逆であり、道義的な自殺であるといわなければならない(4)。

人間が自由な人格者として創造的な活動を行う権利を有するのは、決して単なる権利ではなくて、同時に個人の義務である。なぜならば、すべての人間は、単なる個体として生存するのではなく、むしろ個人以上の高い道義的な有機体の一構成要素として存在するのである。イエリングは、このような有機体を国家としてとらえる。したがって、個人が、単に自己自身のためにではなく、国家の道義的な使命を達成するために、各人の持場において自由な創造的活動をいとなむことは、人間に課せられた権利であると同時に、責任であると見る。すなわち、自由の体系の場合には、国家は、道義的な諸目的の達成を、国家自身の手で行おうとするかわりに、個々の国民の手でそれらの仕事を遂行することを可能ならしめ、もしくは、それを容易ならしめるように努力することとだけに、その任務を限定する。そうして、それらの仕事を遂行することそのことは、道義的な個人精神の自由な処理と国民の知性の自己活動とにゆだねられる。故に、この体系の中においては、法が強制の手を加えずに、個人の自治と自律とにまかせている領域は、国民の自発的な道義心によって秩序づけられて行かなければならない。いいかえると、国民の自治能力が高く、自らの自由と責任とによって、法の干渉なしに高い道徳秩序を築き上げて行く力をもっている場合にのみ、国家は、安んじて、法における自由の体系を選ぶことができる。[5]

イエリングは、「自由の体系」の構造をこのように説明した上で、この体系においてはじめて、国家理念と自由の理念とが調和し得る、と断言する。その意味で、この体系は、すべての民族がそれへむかって努力すべき絶対の理想である。そうして、イエリングによれば、ロオマ法こそ、かくのごとき自由の体系の最もすぐれた歴史的範型にほかならない。[6]

しかし、イエリングの理論をロオマ法の各分野にわたって辿《ママ》づけて行くことは、ここでの任務ではない。さらに、さかのぼって、自由の体系を理想の法体系と見るイエリングの見解が、はたして全般として正しいかどうかを検討することも、ここでの仕事ではない。ここで問題としようとするのは、かくのごとき自由の体系としてのロオマ法の中で、家族共同体の内部秩序に対し、法がどのように不干渉主義を採ったか、という点である。

イエリングによると、自由の体系の中で、法があえて強制の手を加えようとしない領域には、それにかわって慣習が発達する。いいかえると、慣習が十分に行われて、それが法的強制のかわりに統制と秩序とを維持して行かないかぎり、自由の法体系はとうてい永く存立することはできない。慣習は、「自由の自己制限」である。法が干渉の手を伸ばすことをさしひかえた社会生活領域では、自由の自己制限としての慣習が組織的に発達する。そうして、各人が、与えられた自由を、自由という尊ばるべき名に値するような仕方で行使するかどうかを、輿論が監視する。すなわち、法の強制のかわりに、輿論が人々を慣習にしたがって行動するように強制し、自由人の名誉をきずつけることがないように制御する。それ故に、自由の体系が最もよく発達したロオマ民族の社会において、慣習が強大な拘束力をもち、ほとんど専制的な支配力をさえ発揮していたことは、怪しむに足りない。(7)

ところで、ロオマの国民生活の中でも、法が干渉を加えないことを建前とし、そのかわりに道徳的・慣習的な自治秩序が最も強く行われていた特別の領域は、家族である。ことに、古い時代のロオマにおいては、家族生活に対する制定法の干渉は、最小限度にまで限定されていた。ロオマ人にとっては、家の内部生活は、自由な愛情と道徳とによって秩序づけられるべきであり、ひややかな法の規律に服せしめるのに適しない独自の世界であった。法の規律は、ロオマ人の家の内部関係にまで侵入して来るには、あまりにも散文的だったのである。だから、家の中でいとなまれる生活についても、家族員相互の間に成立する関係についても、家族の内部に生起する争いについても、何らの法的規定も存在しなかった。そこには、他人を家の内部の事柄に介入せしむべきではない、という格律があった。したがって、家族内部の紛争は、法によって家の外にもち出され、法廷において裁きを受けるべき性質のものではない、と考えられていた。家族構成員相互の間の訴訟ということは、そこでは法学的に意味をなさないものだったのである[8]。ロオマ人の家の内部を支配していたものは、宗教色の濃厚な倫理的平安である。そこに住んでいるのは、単に現存する家族構成員だけではなく、かまどの神があり、家を護るその他の神々があった。ロオマ人は、かように神々の共に住む家の平安が、外部からの介入や侵害によってかきみだされることを、極度に嫌った。したがって、家の平安を攪乱するような事態が内部に発生しても、それを外部からの影響や権力によって解決することを排斥した。古い時代のロオマに、家族生活を規律する法規がなく、家の中には法的争訟の起る余地が存在しなかったのは、家に対するロオマ人のかような宗教的・倫理的信念のしからしめたところにほかならなかったのである[9]。

古代ロオマ人の家族生活の本質がかようなものであったことを認識するのは、ロオマの家父権の意味を理解するための根本前提である。古代ロオマの「家父」(pater familias)は、単なる家族構成員の長者であるというだけではなく、家の守護神に奉仕する祭司であり、家の平安を維持すべき最高の責任者であった。ロオマの家は、外界から隔絶した独自の世界であり、その内部関係を指導・統制する任務はことごとく家父に属し、家の対外関係は、すべて家父によって媒介せられた。そのあらわれが、家父に専属する「家父権」(patria potestas)だったのである。したがって、法の介入や干渉を受けない家の内部に、愛情や道徳だけで解決できない葛藤が起った場合、その裁きをつけるものが家父であったことは、いうまでもない[10]。しかも、家族共同体が外部からの法的強制を受けつけない独自の世界であればあるほど、その内部に、場合によっては起るかも知れない闘争や反抗をば、最終的に処理し得るために、国家の主権にも似た絶対性をもつ家父権が確立される必要があったゆえんも、十分に理解され得るであろう。

だから、イエリングによれば、ロオマの家父が家族員に対して生殺与奪の絶対権をもっていたからといって、実際に家父が、たれはばからずそのような権力をふるっていたと考えるのは、きわめて皮相な誤解にすぎない。

もちろん、ロオマ民族は、自由を愛すると同時に、権力を重んじた。故に、イエリングは、ロオマ法発達の原動力の一つとして、「権力の動因」(Machtstrieb) と「自由の動因」(Freiheitstrieb) とを結びつけて挙げている。[11] 権力と自由という、一見互に矛盾する二つの動因は、ロオマ人の精神の中では矛盾なく両立していたのである。自由を愛するロオマ人は、家族共同体をば国法の介入を許さぬ自治秩序の世界として構成した。しかも、権力を重んずるロオマ人は、家族共同体の自治秩序のたばね役として、家父に絶対権を与え、家族員はその紀律・統制に服すべきものと認めた。その意味では、家父権はどこまでも力であり、権力であって、いざという場合には、それだけの実効性を発揮し得るものであったに相違ない。

しかしながら、家父のもつ権力は、権力であったにはちがいないが、決して家父の勝手気ままに行使されてさしつかえないようなものではなかった。むしろ、それとは正反対に、家父は、そのポテスタスを正しく行使して、ロオマ人の家をば、ロオマ人がそうあらなければならないと考えていたところのもの、すなわち、愛と自由とによって結ばれた神聖な道徳共同体にまで高めて行くという、最も大きな責任を負うていたのである。ポテスタスは、家父が、それを用いて家のあるべき姿を実現し、家の平和をば外部からの侵害から護るとともに、内部の紛争を萌芽のうちにつみ取ってしまうための、不可欠の手段にほかならなかった。家父が、家族の間のすべての争いを裁くべき「家事審判官」（domesticus magistratus）であったのは、そのためである。家事審判官としての家父には、それにふさわしい権威がなければならなかった。しかし、その権威は、肉体的な力の卓越性とは何のかかわりももたないものであった。それは、あくまでも、道徳的な性質のものであり、ロオマ国民が家父に当然属すべきものとして怪しまなかった権威だったのである。したがって、家父は、実力によってその権威をたたかい取る必要はすこしもなかったと同時に、いかに実力のある家父といえども、その権威を濫用することは許されなかった。家父が家子を現実に虐待することは、恐るべき罪悪とさえ考えられていたのである。(12)

だから、家父権は、家父自身の利益のためだけに行使されてはならないものであり、それをもって家の平和な道徳秩序を確保することは、家族員のすべてに対し、さらに国家に対して、家父の負うていた義務であった。いいかえれば、それは、国家から家父に委託されており、家父がそれの行使について責任を荷っていたところの、一つの公的な職務だったのである。したがって、もしも家族員の中の或る者が悪事を働いたとすれば、それは、家父がその職務を正当に遂行して、家族をよく訓育していなかった証拠とされ、その責任は家父自らが負うべきものとされた。家父が、愛する子供の上に厳しい処刑を下さなければならなかったのは、それによって、子供とともに負うている共同の責任に対する非難について、罪ほろぼしをするためにほかならなかったのである。それは、家父が、個人的な憤怒にかられて子供たちを虐待するのとは、全く性質のちがった意味をもっていた。それどころか、もしも家父が、私憤の故に家子を虐待したとすれば、かれ自身、国民の輿論によって痛烈に非難される立場に立たなければならなかった。[13]
イエリングは、ロオマの家父権の本質をこのように解明した上で、ロオマの家について次のように述べている。
「すなわち、ロオマの家は、家父権によって外部から遮断された、独立の領域として特質づけられることができる。——それは、ひからびた法の世界の中での、新鮮なオアシスにほかならなかったのである。ちょうど、自然界の繊細な部分が、それを護るための外殻で蔽われているのを常とするように、ロオマの家の場合にも、家父権という峻厳で堅固な外殻は、道徳的生活の繊細きわまる関係を、すべての外部からの侵害から護ることを目的とするものにすぎなかったのである。さらに詳しくいうと、それは、外界との接触によって家の道徳秩序が悪い影響を蒙ることを防ぎ、散文的な法の荒風がその中に吹き込むことを阻止し、家の内部生活が最も自由に発展して行くことを可能ならしめることだけを、その目的としていたのである[14]」。
「閉ざされた社会」としての家族共同体の道徳秩序の本質と、これに対する法の不干渉主義とを、純粋に、かつ典型的に示している点で、古代ロオマの家族制度と、それについてのイエリングのこの生き生きとした描写とにまさるものは、おそらく他に求めがたいであろう。

（1） Jhering: Geist des römischen Rechts, Bd. II, S. 123 ff.
（2） A. a. O., S. 131.
（3） A. a. O., S. 127 ff.
（4） A. a. O., S. 129 f.

（5）A. a. O., S. 130 f.
（6）A. a. O., S. 131, S. 133 ff.
（7）A. a. O., S. 143.
（8）A. a. O., S. 195 f.
（9）A. a. O., S. 156 ff.
（10）A. a. O., S. 158 ff., S. 196 f.
（11）A. a. O., S. 122 ff.
（12）A. a. O., S. 196 f.
（13）A. a. O., S. 197 f.
（14）A. a. O., S. 198.

三　道徳共同体の崩壊

道徳共同体が、その本来の閉鎖性を堅持し、外部からの干渉を待たないでその自治秩序を十分に保っており、法もまたそれに応じて、道徳共同体の内部生活に対する不干渉主義を守っている場合には、法と道徳的事実との間にずれの生ずる余地はない。なぜならば、法と道徳的事実との間にずれが起るのは、法と道徳とが同じ社会生活領域の上に重なり合っている場合にかぎられるからである。したがって、古代ロオマの家族制度について見たように、法と道徳とが全くその規律の領域を別にしていて、その間に重なり合いの関係がない場合には、法の規定と道徳によって規律された社会生活事実との間には、何らの矛盾も反撥も生ずるはずはない。

しかしながら、そういう状態は、歴史の或る段階においてはあり得ても、やがて、いろいろな事情の下にその純粋性を維持できなくなってしまう。イエリングは、古代ロオマ法をば完全に近い「自由の体系」として讃美し、国民生活の規律としての法や訴訟制度の発達にもかかわらず、ロオマ人の家が道徳共同体としての自由と自治とを堅持していたことを、その著しい例証として示した。しかし、それも、ロオマ人の道徳的紀律が厳格であり、家父がその権力を自己の主観によって濫用することがなかった時代においてのみ、可能だったのである。ロオマ民族の道徳的責任感と紀律尊重の精神がだんだんとゆるんで行くにしたがって、家父権のみでは家の道徳秩序を維持することができなくなり、家族関係の中に法が介入せざるを得なくなって来た。すでに古代ロオマにおいても、家父がそのポテスタスを濫用し、私憤によって家子を虐待した場合には、社会の強い非難を受けたということは、イエリングの指摘しているところである。しかも、イエリングは、そういう場合には、家父それ自身が「処罰さるべき」(straffällig) 立場に立つ、といっている。[1] この言葉を文字通りに解するならば、その当時ですら、家父の不当な行動に対して法の介入する場合があり得たということになるであろう。そういう必要が頻発し、崩れた家の道徳を道徳自身の力で修復することが不可能になって来れば、家の内部生活の紛争は、法によって救済されるほかはなくなるであろう。だから、ロオマでも、のちの時代になると、家父の無制限の権力は停止され、法が家の内部生活に介入するようになって来たのである。[2]

古代ロオマの家族制度は、歴史上でも全く独特のものであるが、家族が大なり小なり閉鎖性を有すること、その秩序が法によるよりも自然の愛情と道徳とによって保たれるに適していること、閉鎖された家族共同体の秩序が自らにして家長中心主義にかたむくことは、どの民族にも共通の傾向であるということができよう。それを「自由の体系」のあらわれとして、そこに高い倫理的の価値を認めたのは、イエリングであるが、逆に、そのような家族制度を「封建主義の残滓」として非難することにも、十分に理由があるといわなければならない。しかし、そういう価値判断の問題は別として、市民社会的な個人の自覚と交換経済の発達とによって、「閉ざされた社会」としての家族共同体の壁が個人単位の自由社会の風によって突き破られ、それとともに、家族の内部関係が市民社会のそれと本質を同じうする法によって規律されるようになって来ることもまた、諸民族に共通の現象である。家族内部の固有道徳は、根本において「縦の道徳」である。したがって、それは、個人の本質的平等へむかって動く歴史の大勢の前には、やがてきびしい批判の的とならざるを得ない。自由の天地に呼吸する成長した子供たちにとっては、父親が強い権力をもって家族の行動を統制するというしきたりは、抹殺さるべき時代錯誤の遺風と感ぜられる。政治の世界では男女がひとしく参政権をもつような世の中になって、なおかつ妻が夫に一方的に服従させられるということは、女性に対する人権蹂躙をさえ意味する。かくて、市民社会的な「横の道徳」が、家族共同体の「縦の道徳」をきりくずし、それとともに、横の道徳の「後詰め」としての市民社会の法が、家庭の内部関係にまでその規律の手をさしのべて行く。

家族共同体の固有秩序の崩壊は、このような市民社会的な人間の自覚と、それを押しひろめようとする政治の力によって生ずるばかりでなく、それとならんで、社会経済の動きによって促進される。

どの民族においても、家は、単なる道徳共同体であるばかりでなく、多くの場合、同時に経済上の生産共同体または企業共同体としての役割りを演じていた。手工業時代には、小規模の工業生産は、家を単位とし、土間やその附属設備を工場としていとなまれた。商店は、主人だけの経営体ではなく、妻も番頭や小僧を指揮し、子供も人手の足りないところを手つだう、一家を挙げての企業として経営された。そういう家単位の企業形態は、いまでも多く残っているし、日本の農業経営などは、今日でも大体として家を単位とする生産事業であるといってよい。このような企業単位としての家では、家族を構成する人々は、夫婦や肉親の関係者だけにはかぎられない。家内工業をいとなむためには、徒弟を養う必要がある。商店には番頭や小僧がいる。農家には作男がある。中産階級以上の家ともなれば、それに、さらに僕婢のような家事使用人が加わる。それらの人々は、給金をもらってやとわれているにしても、それと家の主人や家族員との間柄は、決して市民法上の契約関係ではなくて、むしろ身分的な主従関係であり、親方・徒弟の間柄である。かれらは、多くの場合、主人の家に同居し、席を別にしてではあっても、主家の人々と同じかまどの飯を食う。そうして、主人の事業にとっても、日常生活にとっても、なくてならぬものとなることによって、主家の人々と家族同様の情誼をもって結ばれる。その関係は、法によって規律されるまでもなく、「奉公」とか「忠勤」とかいうような「縦の道徳」によって秩序づけられる。資本主義の波浪によって押し流される前の企業形態としての家の構成は、大体としてかようなものであったということができよう。

しかし、資本主義が発達して来ると、市民社会的な秩序によるこのような家族共同体の構成の切りくずしがはじまる。まず、本来の家族員と家業補助者や家事使用人との関係が、主従の身分的な間柄から市民法上の契約関係に還元される。それは、一方が労務に対する賃金を支払い、他方は賃金なみの労務を提供するという、雇傭契約または労務契約として規律される。それよりも何よりも、企業形態としての家そのものが、資本主義的な大企業と太刀打ちができなくなって、次第に崩壊して行く。大資本による紡績工場ができれば、個人経営の機織業は存立の余地がなくなる。堂々たる百貨店が目抜きの街にそそり立てば、多くの商店が大なり小なり打撃を受ける。没落して、資産を失った家では、家業補助者や家事使用人を解雇せざるを得ないことはもとより、父は会社の会計係りにやとわれ、母は家政婦となって働き、息子は官庁の給仕に、娘は紡績工場の女工になるという場合も生ずる。かようにして、家の生産共同体または企業共同体としての存在理由は、だんだん稀薄となり、家の経済上の機能は消費共同体たる関係だけに局限されて行く。もっとも、小規模な軽工業や中小商業などは、なお家を単位として営まれるのに適している場合がすくなくないが、その中でも、やや規模の大きいものは、合資会社、合名会社などの会社組織をもつこととなり、消費共同体に還元された家は、次第に夫婦・親子単位の小家族に分散して行くのが、大体としての家族生活の推移であると見てよい。

消費共同体たることを本質とするようになった小家族でも、半ばは企業経営体としての機能をいとなんでいる家でも、その生活や企業の基礎をなすものは、いうまでもなく財産である。しかし、「閉ざされた社会」としての家の精神的共同性が稀薄となるのに平行して、財産についての共同所有的観念も薄弱となり、「家産」は分割されて、各人の個人所有権的持分がはっきりして来る。

それでも、家族の間の愛情が深く、各人がもちつもたれつの相互依存関係に結ばれてさえいれば、持分のはっきりしているはずの財産や収入は、それにもかかわらず融通自在の共同性を発揮して、家族全体の生活を基礎づけるであろう。しかし、家族員の間に感情の溝が生じた場合には、財産や収入が融通性のある共同性をもっているだけに、その帰属について複雑な争いをひき起す原因となる。ことに、相続の場合には、日ごろ共同にその上に依存し、共同してそれを使用していた財産について、改めてはっきりした帰属を決める必要があるために、それまで平穏であった家庭の中に、にわかに深刻な対立が生ずることがすくなくない。しかも、家長の家長としての権威が薄らいで来れば、家庭内の財産争いについて有無をいわせぬ裁決を下すことはむずかしくなる。まして、家長自身の死亡によって、家の経済的・精神的中心が失われ、しかも、その遺産の分割がまさに問題の焦点となっているような際には、道徳共同体としての家の秩序は、もはや家族の間の自治ではいかんともすることのできない破綻を暴露する。かくて、国法によって家族内部の財産関係や扶養関係や相続分を明示し、それでもなお起って来る家庭争議は、国家の司法機関によって裁定するということにならざるを得なくなる。

財産上の争いとならんで、道徳共同体としての家の内部秩序に亀裂を生ぜしめるものは、夫婦愛の破綻である。親子の愛情と違って、夫婦の愛情は、相互の自省と努力がともなわないかぎり、永続性に対する自然の保障が弱い。したがって、封建的な家族制度においては、妻を夫あるいは婚家に膠著させるために、女性を拘束するさまざまな庭訓が定められていた。それらの拘束が取り除かれたのちといえども、女性の経済的な無力さとか、子に対する愛著とかいうものが、愛情の疎隔した夫婦をも夫婦としての共同生活に結合せしめている場合が多い。しかし、そういった結合力によってはもはやつなぎとめ得ないような愛情の破綻が起れば、離婚という問題が発生する。しかも、この問題は、一方が離婚を決意しても他方がそれを許さないとか、他方が離婚を欲しないのに一方が是非とも離婚しようとするとかいう具合に、いろいろな角度から起って来る。このような結婚解消の争議もまた、妻は一生婚家を去ることはできないとか、反対に、子なきは去るとかいうような封建的家庭道徳が払拭されたのちは、もはや家長の権威や夫の権力によって解決さるべき問題ではない。かくて、ここでも、法によって離婚の条件を定め、裁判所が介入して、結婚生活に終止符を打たしめるかどうかを裁決せざるを得なくなって来る。

道徳共同体としての家は、時代とともに、かように崩壊して行く。それだけ、法が家族の関係を公的に規律し、道徳の力では防ぎ得なくなった家族生活の破綻を、裁判により、強制に訴えて裁定する必要が拡大する。しかし、さればといって、家族が家族であるかぎり、その「閉ざされた社会」としての性格が失われてしまうわけではなく、ぎこちない法の規制に適さない人情の機微が全く消えさるはずもない。したがって、家族には、依然として、法の力を借りないで、愛情と道徳とによってその秩序を維持して行こうとする傾向が強く残る。そのために、合理的・技術的な法の規律と、非合理的・情誼的・経済的な家の道徳生活との間に、ずれが生じて来る。そこに、民法の中での特殊領域たる身分法の、避けようとしても避けることのできない微妙な問題がある。

（1） Jhering: Geist des römischen Rechts, S. 198.
（2） A. a. O., S. 199.

四　法と道徳的事実との間のずれ

国家が家族共同体を法的規律の枠の中に取り入れた場合、法と道徳的事実との間にいかなるずれが生ずるかを見るためには、改正前の日本の民法と現実の家族生活との著しい喰いちがいを実例として取り上げるのが、早道であろう。

周知のとおり、改正前の日本民法は、家の制度を法制化し、家の中心をなす戸主に戸主権を認め、戸主と同じ戸籍に名をつらねる家族は、戸主権にしたがうべきものとした。そうして、戸主の地位をその財産とともに継承する家督相続を、家族の財産を継承する遺産相続から区別し、家督については、男子の優先する長子相続制を原則とした。民法は、こうすることによって、古来のいわゆる「醇風美俗」としての家族制度を、法律の力で維持して行くことができると信じたのである。そこに範型として描かれているものは、戸主によって統轄された家族集団であって、家族員が分家をしないかぎり、三世代や四世代にもわたる大家族となる可能性をもつ家族制度である。その反面また、家の断絶を防ぐという意味で、一人息子や一人娘でも、親が死んで家督を相続すれば、ただの一人で家を構成するという、極微家族制度ともなる可能性を含んでいる。このように、伸縮自在の規模をもつ家の中心に位する戸主の戸主権は、かならずしも強大なものとはいい得ないが、それでも、家族の入籍や去家や婚姻、等に対して同意を与えたり、家族の居所を指定し、これに応じない家族に対しては、扶養の義務をまぬかれたり、あるいはそれを離籍したりするだけの力をもっている。そこに、封建的な家族制度の名ごりとしての家長中心主義が存在していたことは、いうまでもない。

しかるに、現実の国民の家族生活は、さまざまな社会的・経済的事情の下に、民法の構想した家とは著しく違った方向に動いて行った。したがって、法律上の家と実際の家族共同体との間に、奇妙な遊離や交錯の関係が生ずるようになった。

たとえば、長男が結婚をして別の世帯をもち、立身して社会的に高い地位についても、戸主たる父親が死ぬか隠居をするかしないかぎり、依然として戸主権にしたがう立場に立たなければならない。逆に、幼少の子が家督をついで、家族をもたない戸主となり、叔父の家に養われているような場合には、単身の家が叔父の家の中に寄生して存続しているという形になる。つまり、法律上は一つの「家」であるべきものが、二つ以上の家族共同体に分岐したり、二つ以上の「家」が一つの世帯の中に合流したりする必要が生じ、また、そういう場合が実際に多くなって来た。それとともに、法律上の「家」は次第に生活共同体としての実を失い、単なる戸籍簿上の家、単なる紙の上の家にすぎないものとなって行った。そうして、生活共同体としての家族団体は、ある時には法律上の家と範囲を同じうするが、多くはそれと別に、人情や職業や経済の要求にしたがって、必要な場所に、適当な規模をもって形成されるようになった。かくて、いわゆる「醇風美俗」としての家族制度は、法の形式の上では維持されていても、生活の実質がかならずしもこれにともなわず、反対に、実質上の生活共同体たる家族団体は、その中で最近親の間の道徳的・経済的結合がいかに緊密に保たれていても、それが法の上での家の形式を備えていないかぎり、単なる個人的権利義務関係の集積にすぎないものとされた。そこに、旧民法下の日本に独特の、法と道徳的事実との大きなずれが生ずるにいたったのである。

そうなって来ると、民法の規定していた戸主権というものも、実際にはほとんど無意味になってしまうばかりでなく、かえっていろいろな不都合を生じたり、不当な仕方で濫用されるという弊害を生ずる。たとえば、戸主は農村に住み、その長男はすでに久しく都会に一家をかまえているというような場合、その長男が適齢期に達した娘を縁づかせようとしても、戸主が同意を与えなければ、婚姻は阻止されることになる（民法旧第七五〇条第一項）。ただし、戸主の同意しない婚姻について民法旧第七七五条の届出をしようとした場合、戸籍吏が注意をうながしても、なおかつ当事者が届出をしようとするときには、その届出は受理され、婚姻は完成に成立する（民法旧第七七六条但書）。しかし、そうなると、今度は、戸主はその意に反して婚姻をなした家族を、婚姻の日から一年内に離籍することができる。養子縁組についてもそれと同様である（民法旧第七五〇条第二項）。戸主が、何らの生活共同性をももたない家族の人倫的結合について、このような干渉をなし得るということは、全く無用・無意味な規定であり、家族生活の道徳的秩序をいたずらに破壊するゆえん以外の何ものでもあり得ない。

ことに、家の制度が最も反人道的な結果を招いたのは、他家から婚嫁した嫁を離別するために往々にして行われたところの戸主権の悪質な濫用である。それは、具体的には、夫を失って寡婦となった嫁に対する戸主の居所指定権および離籍権の濫用として行われた。すなわち、戸主がその意にかなわない嫁、なかんずく、すでに夫を失って親身の庇護者のなくなった嫁を離別しようとする場合、とうてい同居に堪えないような状態において戸主とともに生活するように指定すれば（民法旧第七四九条第一項）、嫁はそれに応じ得ないで生家に逃げ帰るであろう。そうすれば、戸主はこれに対して扶養の義務をまぬかれることができる（同第三項）。さらに、相当の期間を定めて、指定した場所に居所を転ずるように督促し、なおかつ嫁がそれに応じなければ、戸主の専断でこれを離籍し得る（同第三項）。戦時中、このような悪辣な手段によって戦争で夫を失った嫁を離籍し、その受けていた扶助料を横取りした戸主がすくなくなかったという。[1] しかも、民法によれば、そのような戸主の行為は「合法」であり、そのために離籍せしめられた寡婦には、法的保護を加えるすべがなかったのである。これなどは、戸主権の全く反道徳的な濫用であること、あまりにも明瞭である。積極的にはほとんど何らの意味もない戸主権が、このようにして人倫破壊の具にも供せられ得たということは、法と道徳的事実とのずれというよりも、むしろ、法と道徳とのおそるべき背反であったといわなければならない。

　かくのごとくに、民法の規定する家が、単なる戸籍簿上の制度と化しているにもかかわらず、そうした紙の上の家の中心をなす戸主権が、戸主の偏見や我慾をつらぬくための具に供せられ得たことは、すでにその実を失っている道徳共同体の形骸を、法の力で無理に維持しようとすることが、いかに無益・有害であるかをよく物語っている。しかも、その反面、法は、紙の上の家とは別に、分化・結成されて来る現実の家族共同体に対しては、何ら特別の規律を加えようとしなかったために、法と道徳的事実との間にいっそう大きな矛盾が生ずることをまぬかれなかった。それは、要するに、法の規定するところには、その実体がともなわず、家族共同体の実体に対しては、法が何の規定も設けていなかったという矛盾にほかならない。

前に述べたように、生活共同体としての家族団体は、最近親間の人倫的結合の場所であるばかりでなく、或る場合にはそこで共同の生産が行われ、他の場合にも、すくなくともそこで共同の消費生活がいとなまれるという意味で、きわめて緊密な経済共同体たる性格を備えている。しかも、家族団体の道徳共同体としての面と経済共同体としての面は、相互に不可分に結びついていて、それを切りはなして考えることはできない。なぜならば、生活を共同にする家族の人々は、互に道徳的に親愛し合っているからこそ、もちつもたれつの経済上の連帯関係に結び合わされているのであり、また、共同の経済をいとなむことによって、ますます相互の道徳的結合を深めて行きつつあるからである。だから、もしも法が積極的に家族の内部構成や対外関係を規律しようとするならば、現実に生活を共同にしている家族団体を法的にとらえるのでなければ、意味をなさない。しかるに、旧民法は、現実には生活共同体として存在していない場合の多い「家」のみを団体法的に規定して、現実の生活共同体たる家族団体——世帯——については、全く個人法的にしか規律していなかったために、種々の不都合な結果をまねいた。(2)

たとえば、家庭の主婦は、消費共同体たる家族団体の家計の切りもりをする当の責任者であって、事実上、世帯を代表して物品の購入や日用物資の消費や不用品の売却などをつかさどっている。しかるに、旧民法では、妻に対する夫の優位を認める観念にもとづいて、妻を法律上の無能力者として取りあつかい（民法旧第一四条）、わずかに、日常の家事について妻は夫を代理し得るものとなした（民法旧第八〇四条）。しかし妻は、決して単なる夫の妻として、個人たる夫を「代理」しているのではなく、道徳上・経済上の共同体たる家族全体を「代表」する主婦として、家計の経理に任じているのである。故に、もしも民法が、家族共同体を全体として団体法的にとらえようとするのであるならば、主婦に世帯の代表者として相当範囲の法律行為を取りしきって行う権利をこそ認めてしかるべきであった。それなのに、旧民法が団体法的にとらえたものは、実体のともなわない「家」であり、実体のある生活共同体としての世帯については、何の規定も設けなかったために、主婦が家事の切りもりをすることは、いわば「法外」の社会的事実として、道徳によって責任化され、経済的にも当然のこととして行われていたにもかかわらず、法による公認と保障とを受けることがなかった。民法学者がこれを問題とし、そこに、立法の欠缺による法と事実との重大なずれがあることを指摘したのは、故あることであったといわなければならない(3)。

同様に、家族団体の横の枢軸をなす夫婦の関係について、法の規定と現実の生活事実との間に著しい喰いちがいが生じていたことも、あまりにも有名な事柄である。法律婚と事実婚の喰いちがいが、それである。この喰いちがいも、普通には、ただ法と事実の遊離として論ぜられていた。しかし、主婦が家計の切りもりについて大きな責任をになっていることが、単なる事実ではなく、道徳的・経済的に意味のある事実であり、したがって、それについての法の規定の空白が法と道徳的事実との間のずれとしてとらえるべきであるのと同じく、法律婚と事実婚との喰いちがいもまた、法と道徳的事実の間の遊離として評価されなければならない。なぜならば、夫婦の関係が人倫の大道であることは、古今東西を通じて変りないからである。しかるに、婚姻は、一男一女が社会的に公然と認められた仕方で生涯の契りを結ぶことである。夫婦の関係は、精神的な結合であると同時に、男女の間の性的な結合である。男女の間の性的結合は、一般には公認されないひめごととされている。それなのに、婚姻の場合には、男女の性的結合が公然と世の中から認められ、社会の祝福を受けて成立するというところに、婚姻のもつ大きな倫理的意義がある。(4) 故に、一男一女がしかるべき仲人を立てて婚姻を結び、社会的に認められた儀式によって生涯の結合を契り、これを世の中に披露してその祝福を受けた以上は、天下晴れての夫婦であり、これを夫婦として取りあつかってはならないという何らの理由もない。しかるに、民法が形式的な届出主義を採用したために、いかに天下晴れての夫婦となった間柄も、一片の届出が未了であるならば、法的には婚姻の効果を発生せず、法によって与えらるべき保護も与えられず、その間に生れた子は、私生子として取りあつかわれる。それは、法が、当然に法的に保護すべき関係を「法外」の事実として置いたために生じた、不都合な結果である。そうして、それは、法が道徳的事実の上に形式主義の枠をあてはめたために、かえって夫婦の人倫関係にひびを入らせた悲劇でもあったということができるであろう。

（1） 中川善之助教授・新憲法と家族制度、四三頁以下。
（2） 旧民法の当時、法律上の家とは別個に共同生活団体たる「家団」が社会生活の単位として存在しているにもかかわらず、法および法学がその対内・対外関係を個人法的にしか規律・説明していなかったことを指摘し、団体法の法理をもってその実態をとらえる必要を力説したのは、末弘厳太郎博士である。

末弘博士・家団論、家族制度全集、法律篇のⅣ、家、一八三頁以下。

（3） たとえば、末弘博士は、家族共同体が「家団」として実存し、その主婦が家団を代表して家計の経理に任じている以上、民法上の妻の日常家事代理権の意味も、当然に家団の代表行為としての趣旨にまで拡張して解釈せらるべきである、と主張された（末弘博士・前掲書、一九三頁以下）。これに対して、立法論としては、民法が妻の家事処理行為を夫婦共同団体の代表行為として規定していないことを非難しつつ、解釈論としては、妻は夫の代理人として日常の家事に属する法律行為をなし得るにすぎないと解するほかはないとしたのは、故近藤英吉教授である（近藤教授・妻の日常家事代理権、法学論叢、第一八巻、二四八頁以下）。立法に不備があることを認めている点では、両説は同じ立場に立つが、末弘説は、それなるが故に法律を拡張して解釈すべしとする点で、自由法論的であり、近藤説は、現行法上は妻は夫の代理者であって、家団の代表者と見なすことはできないとする点で、概念法学的である。

（4） 和辻哲郎博士・倫理学、中巻、四〇頁以下。

五　法と道徳的事実との間のずれの調整

主として家族共同体について生ずるこのような法と道徳的事実との間のずれは、すでに旧民法の時代にも、早くから問題とされ、これを是正する必要が力説されていた。そのための正面からの方法は、立法作用による成文法規の改正である。しかし、民法の改正も、久しく議論を重ね、準備がすすめられてはいたけれども、容易に実現を見るにいたらなかった。しかも、法規の不備のために生ずる現実の不合理な結果は、法律が改正されるまで放任しては置けない。そこで、解釈により、裁判の運用によって、成文法と正面衝突することを避けつつ、社会生活の上に生ずる現実の弊害を、すこしずつでも寛和するということが試みられた。事実婚によって成立した「内縁関係」を、婚姻の「予約」であると解し、それによって当事者に届出の義務を負わせたり、契約不履行の責任を追及したりしたのは、この種の擬制解釈の最も典型的な場合であったということができる。

法がこのような擬制解釈を行っていたということは、法と事実との間にずれの生じた責任が、主として法の側にあることを自ら認めた結果にほかならない。とくに婚姻については、法は、成文法の採った形式的な届出主義に無理があることを自覚していたのである。いいかえると、法は、社会的に公認された仕方で成立した婚姻を、一片の届出が未了であるために法的に保護し得ないことを、立法の欠陥と認めていたのである。法に欠陥があり、しかも成文法の改正が暇取っている場合には、裁判の実践によって法と事実とのずれを調整するほかはない。しかし、成文法国では、裁判官の行う調整作用は、どうしても間接的であり、必要以上の迂路を通ってなされることをまぬかれない。そこに法解釈学の大きな悩みがあったこと、そのために、日本の民法学が概念法学から自由法論・社会法学の方向に転換せざるを得なかったことは、日本における法学史の重要な一節として記録さるべきであろう。

ところが、敗戦後の新憲法の成立と、それにもとづく民法、とくに身分法関係の大改正は、法とこれらの道徳的事実との間の不自然なずれの大部分を、正面から取りのぞいた。まず、家の制度が廃止されたために、戸籍簿上の家と現実の家族共同体との不合致が解消した。それとともに、戸主たる地位も、戸主権も、家督相続もなくなったので、無益な戸主権の行使、とくにその有害な濫用の危険ものぞき去られた。また、妻の無能力の規定が削除され、夫婦平等の立場が法律によって保障された。

ただ、婚姻の成立については、新民法は依然として届出主義を採っている（民法新第七三九条）。しかし、旧民法の場合だと、婚姻をするには戸主の同意が必要であり（民法旧第七五〇条）、かつ、男子三〇歳、女子二五歳に達するまでは、子の婚姻には、家を同じうする父母の同意を得なければならなかった（同第七七二条）。これに対して、新憲法の下では、婚姻は両性の合意のみにもとづいて成立する（第二四条）。ただ、未成年の子が婚姻をする場合に、父母の同意を必要とするにとどまる（民法新第七三七条）。したがって、旧民法のときのように、戸主や親が、嫁が家風に合うかどうかを見定めるまでは籍を入れさせないという態度をとることによって、当人たちの意に反して内縁関係の継続が余儀なくされるおそれはなくなった。かくて、婚姻が原則として本人同士の合意のみによって成立することになった以上、届出によって夫婦関係を公示する制度をそのままにして置いても、大した不都合の生ずることはあるまい。女の方は本気で結婚するつもりでいるのに、男の方は一時の気まぐれで同棲しているにすぎず、したがって、届出の形式をととのえることを拒むような場合は、依然としてあり得るであろうが、その責めの一部は、女性の無自覚にあるといってよい。民主的な法治国家の国民としては、婚姻と同時に二人以上の成年の証人の協力を得て届をするくらいのことは、当然の手つづきとしてさしつかえあるまいというのが、この問題に対する新民法の態度にほかならない[1]。

法律が戸主を中心とする紙の上の家を維持するという方針を固執しているため、実際上の家族共同体の関係が、「法外」の事実として放置されるという不自然さは、民法の改正とともに解消した。しかし、さればといって、新民法は、現実の家族共同体を団体法的にとらえ、その内部関係を改めて一個の統一体として規律するという方針は採用しなかった。旧民法の時代には、法律上の「家」を廃すると同時に、現実の世帯をば「家団」として団体法的に規律すべきであるという議論があったことは、前に述べたとおりである。けれども、それを適正に規律することはきわめて困難であるばかりでなく、悪くすると、団体法的に規律された家族共同体の内部に、民主主義にとって好ましくない封建的な遺風が巣喰うおそれもある。そこで、新民法は紙の上の制度と化していた家の規定を廃止するにとどめ、そのかわりに、家族共同体の内部秩序を法によって積極的に規律することは、あえてさしひかえたのである。その結果として、家族共同体の相互関係は、夫婦・親子・兄弟というような身分の関係であるには相違ないが、原則として全く個人法的な権利・義務の関係に還元されることとなった。

しかしながら、これは、民法が、家族共同体の内部秩序を、単なる個人個人の対立関係のままに放置してさしつかえないと考えたためと見らるべきではない。いかに家族を取りまくひろい世の中が平等な個人単位の市民社会と化し、その影響が家族の内部関係に強く及んで来ても、家族共同体が愛情と尊敬と扶養と協力によって支えられた別個の小社会として存在するということは、人間の本性にしたがう自然の真実である。ただ、この関係を、合理的に割り切れた法の規律の下に置くことは、かならずしも適当でない。したがって、法は、家族共同体の内部にまでその規律の手を強いてさしのばすことをひかえ、それを主として道徳の自律秩序にゆだねたのである。古代ロオマの法が家族共同体の道徳秩序に対して思い切った不干渉主義を採ったことは、前に述べた。今度の日本の新民法の態度も、家族団体の内部構造を積極的に規律しようとしなかったという点だけを取り上げるならば、これと或る程度の共通性を示している。ただ、民主的に解放された日本の家族制度が、それによって生じた法的規律の空白をば、いかなる民主主義の社会にも欠くべからざる愛情と協力と責任の道徳をもって、健全な仕方で満たして行くことができるかどうかは、日本民族の将来に課せられた重大な課題であるといわなければならない。

古代ロオマの親族法は、家庭の内部関係に対して徹底した不干渉主義を採り、そのかわりに、法があえて干渉しない家族共同体の秩序を維持させるために、家父に絶対権を与えた。民主主義の世の中に、そのような強大な家長権の存在する余地のないことは、もとよりいうまでもない。今日の民法は、家族内部の道徳秩序には、あえて容喙しようとしない。しかし、愛情が涸渇し、道徳に破綻が生じ、家族の中に自然のままにまかせては置けない紛争が生ずれば、当事者の中立てによって、法の規定にしたがい、法廷の訴訟を通じてこれを裁くことを辞せない。その場合には、法は、当事者の申立てを待つという点で受身ではあるが、一般的な法規を適用して家庭内の紛争に積極的に干渉する。そうして、その結果として下された判決は、強制的に執行される。道徳にまかせて置ける秩序は、道徳の手で、道徳の手におえなくなった秩序の破綻は、法の裁きによって、というのは、一般の市民社会に対する法の態度であるが、その態度は、家族関係に対しても根本において変るところがないということができよう。

ただし、それにもかかわらず、家族共同体の身分的結合と、それにもとづくその「閉ざされた社会」としての性格とは、決して抹殺されることはない。そうであるかぎり、家族の内部関係を法廷の明るみにもち出し、妻が原告となり、夫が被告となるというふうにして、公然たる闘争を行い、その結果として、一方が勝ち、他方が負けるという形で、ぎりぎりの決著を求めるということは、決して好ましいことではない。家族関係の道義性と、人情の機微にもとづく非合理性とは、その本質からいって、法の合理的・形式的な裁きにはそぐわないのである。

そこで、戦後の日本では、民法の改正とともに、家事審判法の制定が行われ、親族・相続に関する事件の大部分は、家庭裁判所でとりあつかわれることとなった。それによると、一般に家庭に関する事件は、なるべく法廷闘争の形によらないで、調停の方法によって平和裡に解釈され得るように配慮される（家事審判法第一七条）。そのために、家事審判官一人および調停委員二人以上によって組織される調停委員会が設けられ、この委員会が当事者間の紛争を合意の解決にみちびくように努力する。調停委員は、地方裁判所が前もって選任した者、および、当事者が合意で定めた者の中から、家事審判官が指定する（第二二条）。調停委員は、その職務上知り得た秘密を厳守しなければならない（第二九条）。このような調停の制度は、情誼と道徳とに訴えて、家庭争議の覆水を平和の盆にかえすのにふさわしい。しかも、情誼と、道徳とだけでは収拾し得なくなった家庭紛争を、裁判所の介入によって解決する調停の制度は、単なる道徳ではなくて、やはり法である。それは、法と道徳とが最も積極的に協力することを必要とする領域であり、法にして法にあらず、道徳にして道徳でないところの、両者競合の制度であるということができるであろう。

（1）　我妻栄教授・改正親族・相続法解説、五六頁以下。

第三章　法と経済的事実

一　法と経済的慣習

法は道徳的事実を重んじなければならぬ。法は道徳的事実によって裏づけられていなければならぬ。したがって、もしも法が道徳的事実から遊離しており、しかも、その道徳的事実を陋習として斥けるべき何らの理由もない場合には、立法の作用や解釈・適用の技術によって法を矯めなおし、できるだけそれを「法外」の事実に近づけて行くように力めなければならぬ。

ところで、法によって尊重せらるべき道徳的事実は、多くの場合、決して単なる道徳ではなくて、同時に経済上の意味をもっている。道徳の中には、経済からはなれた高踏性をもつことをもって尊しとするものもあるが、法によって尊重され、法によって保護される必要のある道徳は、むしろ、きわめて現実的な人倫関係であり、したがって、深く経済と結びついている。さきに述べた家族共同体の生活や内縁の夫婦関係などにしても、道徳関係であると同時に、明らかに経済的な関係である。法によって尊重せらるべきであるのは、単なる道徳共同体としての家ではなくて、同時に消費共同体であり、ときには生産共同体でもあるところの世帯である。法によって保護せらるべきであるのは、単に精神的に琴瑟相和している夫婦関係ではなくて、夫が死亡すれば妻は生活に窮し、妻の賃仕事に頼らねば病床にある夫の口を糊する道もないような場合も起るところの、経済上の夫婦生活である。故に、法によって保護せらるべき道徳的事実から、かりにその道徳的意味を捨象して見たとしても、そこにその同じ事実が経済的事実として残る。社会経済を保護し、尊重するのは、法の重大な任務である。経済の要求にしたがい、経済活動を秩序づけ、経済目的を事実生活の中に実現せしめて行くのは、法の本質的な機能である。かくて、法と経済的事実との間にも、法と道徳的事実との間に見られるのと同じく、いや、或る意味ではそれよりももっと密接な関係が見出される。

しかし、ここで問題にしようとするのは、法と経済との関連一般ではない。法があまねく経済の要求と合致し、経済が常に法の規律にしたがって行われている場合は、法と経済的事実との間の不合致は生じない。それは、成功している法であり、円滑に行われている経済ではあるが、そこには、実定法の理論として特に取り立てて考察すべきほどの問題はない。法学にとって問題となるのは、法の規定が完全でなく、法と経済生活の事実とがずれている場合、あるいは、法が一つの政治目的にしたがって経済を規律しようとしているのに、経済がかならずしもそれに追随しないために、両者の間に表と裏の背反関係が生じている場合である。その意味で、ここで取りあつかわれる問題の性格は、法と道徳的事実との関係を考察した場合のそれと、全く同様であるといってよい。

社会経済の活動は法の規律の下に行われる。いかなる自由経済といえども、法の規律を必要としないほどに自由ではあり得ない。自由経済は、私有財産制度を基礎としていとなまれる。自分で働らいて得たもの、あるいは、親からゆずられたものは、自分の財産であり、自分で自由に使用・収益・処分することができる。したがって、それを消費生活にふりむけてもよいし、有利と考えられる企業の資本として活用してもよい。そこに、物の使用の自由があり、消費の自由があり、企業の自由がある。しかし、それらの自由が現実に保障されるためには、他人によってそれが侵害されるおそれがないようになっていなければならない。他人が自己のものを侵すことを拒否し得るためには、自己もまた、他人のものを同様に尊重しなければならない。それによって、各人に属する「かれのもの」の限界が定まる。それが所有権である。しかるに、所有権の限界を明らかにし、それを侵した者の責任を追及し、それについての争いを裁くのは、法の機能である。かように、法によって限界づけられ、法の保護と保障とを受けている所有権は、自由な契約を通じて人から人へと移転する。そこに、自由交換経済あるいは商品流通経済が成り立つ。自由経済においては、人が何をいくらで売り、何と何とを交換し、どれほどの賃金でいかなる労務を提供するかは、原則として当事者の自由な合意によって定まる。しかし、一たび契約が成立した以上、当事者はそれに対して履行の責任を負わなければならない。債権は保障され、債務の履行は強制されなければならない。その意味で、契約の自由は法の原則であり、法の規律の下においてのみ、その機能を確実にいとなむことができる。のみならず、自由な契約にも、一定の方式にしたがって取り結ばれることを要するものがあり、権利の取得や譲渡にあたって、特定の形式的要件をふまなければならないものもある。それらの方式や要件を定めているものもまた、法である。かくて、自由経済の場合にも、社会経済がそれによって行わるべき筋道は、法によって定められている。いいかえると、自由経済といえども、法の規律なしには円滑に行われ得ない。

成文法国では、社会経済の筋道や自由経済の枠は、成文法によって周密に定められる。しかし、いかに成文法を周密に設けても、経済活動や商取引の筋道のすべてを規定しつくすということは、不可能である。また、あまりに細かくそれを規定しすぎると、社会の実情の変化が生ずるたびに、その規定がかえって経済の円滑な動きを阻害するおそれが生ずる。故に、成文法をもって規定すべき事柄には、自らにして限度がある。したがって、成文法が規律することをさしひかえたところには、経済活動に便利な慣行ができて来て、法規の空白を補充することになる。法解釈学者は、かようにして成立する慣行をも法の源泉であると見なし、その意味で、成文法と慣習とをまず法源に数える。しかるに、成文法が国家の立法作用によって定立されるのに反して、この場合の慣習は、経済生活の事実上の必要によって発生して来るものであるから、両者は、一応は全く別の源泉からみちびき出されるものであるといってよい。

けれども、国家は立法作用によって成文法規を設け、社会経済の実態もまた、その必要に応じた慣行を生み出すことになると、両者の間に矛盾や衝突が生ずることをまぬかれない。そこで、法は、両者の間の比重に順位を置く。しかも、その順位を定めるものが、結局は成文法である以上、その順位が、成文法を第一とし、慣習を第二位に置くということになるのは、当然である。したがって、或る事柄について成文法規がある場合には、まずそれによって事件を裁く。しかし、或る問題について、その裁判の規準となるような法規がない場合、そうして、その問題に関しては、社会一般に認められている慣行がある場合になって、はじめて慣習にしたがって裁判を行うという段取りになる。周知のとおり、一九〇七年のスウィス民法第一条は、この原則を確定して、法律に規定があるときには法律を適用し、法律に規定がないときには、慣習法により、慣習法もない場合には、裁判官は、自分が立法者であったならば法規として定めたであろうところにしたがって裁判を行うべきものとした。日本では、法例第二条が、成文法と慣習との関係を明らかにして、「公ノ秩序又ハ善良ノ風俗ニ反セサル慣習ハ法令ノ規定ニ依リテ認メタルモノ及ヒ法令ニ規定ナキ事項ニ関スルモノニ限リ法律ト同一ノ効力ヲ有ス」るものとしている。

このような規定の根柢にある思想は、成文法優先主義ではあるが、成文法万能主義ではない。成文法は、その規定が完全無欠ではなく、したがって、法規だけでは裁き得ない事件があることを自ら承認しているのである。そこで、法規の欠如している問題については、その空白を補充するための第二の法源を、慣習に求むべきものとしたのである。

その場合、「法源」としての慣習は、たしかに、国家の立法作用とは全く別の筋道を通り、主として社会経済の実際の必要にもとづいて、自らに形成されて来たものであるに相違ない。けれども、すでに、成文法規の欠如している場合に、その空白を公の秩序、善良の風俗に反しない慣習によって補塡すべきことを、改めて成文法によって指示している以上、それにもとづいて裁判官が判決の基礎とした慣習は、もはや国家法とは次元をことにする規範ではなくて、国家法の一部の中に取り入れられているものと見なければならない。いいかえるならば、スウィス民法第一条やわが法例第二条は、成文法規と矛盾しない慣習を国家法の一部として通用させるという、一種の白紙委任状を発しているのであるということができよう。

慣習に対する成文法のこのような態度は、慣習が成文法を「補充」する効力をもつことを認めているのである。成文法のこの態度によって、法令に規定のない事柄に関する慣習は、公の秩序、善良の風俗に反しないかぎり、一元的な国家法の体系の中に取り入れられる。したがって、この種の慣習によって行われている経済的事実は、「法外」の事実ではなくて、正々堂々と法の保護を受ける。それ故に、このような慣習に関するかぎり、法と事実との間には何らのずれも存在しない。

これに反して、成文法のこの態度は、慣習が成文法を「改廃」する効力を有することを否定する。すなわち、或る事柄についてすでに成文の法令がある場合、それと違った事実上の慣行があっても、裁判官が前者のかわりに後者を適用することは許されない。

もっとも、わが国の法例第二条によれば、法令が成文の規定と違った慣習を適用することを認めている場合には、慣習が成文法規に優先して適用される。たとえば、民法によると、地上権者は、地上権が消滅したとき、その上に設けた工作物その他を取りのぞき、土地をもとのままの形にして土地所有者にもどすことができる。ただし、土地の所有者から、時価を提供してその工作物その他を買い取るという申出でがあれば、地上権者は、正当の理由なくしてこれを拒むことはできない（第二六九条）。これが民法の定めている原則である。しかし、民法は、こういう原則を定めて置きながらも、この原則とことなる慣習がある場合には、その慣習にしたがうべきものとしている（第二六九条第二項）。すなわち、この場合には、民法の規定と違う慣習があれば、その慣習によるべき旨を、民法自らが明らかにしているのである。民法には、こういう規定の仕方をしている条項が多い（第二一七条・第二一九条・第二二八条・第二三六条、等）。あるいは、商法第一条によれば、商事に関し商法に規定がない場合には商慣習法が適用され、商慣習法もないときには民法が適用される。すなわち、同一の事柄について、商法の規定と、それとは違う商慣習とがある場合には、もとより前者の効力が後者のそれに優先する。しかし、民法の規定と違った慣習がある場合には、それが商事に関するものであるかぎり、慣習法の方が民法に優先して適用されるのである。これらは、いずれも、法例第二条のいう「法令ノ規定ニ依リテ認メタルモノ」にあたる慣習である。この種の慣習は、それと同じ事柄を規律の対象とする成文法と、内容上一応は矛盾している。しかし、さらに別個の成文法によって、成文の規定と矛盾した内容をもつ慣習に、その規定に優先する効力が認められているのである。いいかえると、成文法自らが、成文法と矛盾する慣習の存在することを認め、かつ、これに優先的効力を与えているのであるから、成文法と慣習的事実との間に存在する一応のずれは、さらに成文法の規定によって無事に解消しているものということができる。

そうなると、残る問題は、成文法と矛盾する慣習があって、しかも、これに成文法に優先する効力を認める別個の授権規定がない場合、そういう慣習の効力はどうなるかということである。法例第二条によれば、そういう種類の慣習が国法体系の中で効力を発揮する余地はないはずである。したがって、裁判官が成文法を斥けてこの種の慣習を適用したとするならば、それは、法例第二条から見て違法の判決ということになる。しかも、それにもかかわらず、経済生活の実際の必要からいって、裁判官は、「法外」の慣習を成文法のかわりに適用し、形式上は「違法」のそしりをまぬかれない判決を下さざるを得ない場合が生ずる。ここにいたって、法と経済的事実との間のずれがはっきりとした形で表面化して来るのである。

二　法と経済的事実との間のずれ

近代の社会経済は、自由経済にせよ、統制経済にせよ、高度に発達した技術によって運営される。ここにいう技術とは、生産のために利用される自然科学的な技術ではなくて、資本の組織や、財産の移転や、商品の流通や、利潤の分配などを円滑に行うための社会科学的な技術である。

ところで、現実の経済関係が要求する技術はすこぶる微妙であり、かつ、時により所によって違う場合がすくなくない。したがって、これを立法によってあらかじめ一律に規定することは、困難でもあるし、不便でもある。そこで、経済関係を規律する技術規範は、成文法によって固定するよりも、経済生活の当事者の都合や各地方の実情などを重んじて、自然の生成にまかせて置く方がよい場合が多い。とくに自由経済の下では、当事者の自由意志の合致が格別に重んぜられるために、いっそう、そういう傾向が強くあらわれる。かように、経済生活が自然にいとなまれて行くうちに生成して来る技術規範は、定型化して慣習となり、国家的に承認されて慣習法となる。それらの慣習的技術規範の中には、のちになって成文の形で条定され、成文法化してしまうものもすくなくないであろう。しかし、他方、多くの慣習は依然として自然に生成したままにまかせられている。そうして、成文法は、成文の規定のない事柄については慣習に法としての効力を賦与することもあるし、あるいはまた、成文の規定が設けられているにもかかわらず、それとことなる慣習がある場合には、それを裁判の準則たらしめることもある。いずれにせよ、慣習によって生じた技術規範を重んずるのは、経済に関する法——とくに自由経済の法——の著しい特色であるといってよい。

しかしながら、成文法は、経済上の技術規範のすべてを慣習的成立に一任しているわけではない。主要な技術規範であって、あらかじめそれを成文の形で確定して置くことが取引きの安全を保つために必要であると考えられるものは、立法に際して成文法規として条定される。そうして、そのような成文法の規定を強行法規とし、これを慣習によって置きかえることを許さないものとする。

法が、かように、成文の技術規範を強行法規として定めるのは、もとより自由交換経済の筋道を確実ならしめることを目的としているのであって、その目的の上からいえば、法の規定と現実の経済生活の要求とは、ぴったりと一致しているはずなのである。しかも、それにもかかわらず、成文化された技術規範が、形式的な取引きの確実性を重んずるあまり、交換経済の流動性を阻害するようなことがあると、現実の経済生活は、法のえらんだ軌道を通らないで、実際の要求にかなった別の方式によっていいとなまれるようになる。すなわち、法が強行法規として指定した経済関係の形式は無視されて、これと矛盾する取引きの慣習が成立し、裁判所もその効力を認めざるを得ないようになる。いいかえると、法と経済的事実とが、ともに大筋では同一の目的を目ざしていながら、技術上の適否をめぐって、互に遊離することになる。

このようにして生ずる法と事実とのずれの中でも、典型的な実例と認められているものは、記名株式の譲渡に関するわが国の商法の規定と、白紙委任状附記名株式譲渡の商慣習との衝突であろう。

商法旧第一五〇条の規定によれば、記名株式の移転は、取得者の氏名・住所を株主名簿に記載し、かつ、その氏名を株券に記載して、はじめて会社その他の第三者に対抗し得るものとなっていた。しかるに、現実の問題としては、一々に名義書換えの手つづきをして株式の売買を行うのは、繁瑣にすぎて、取引きの流動性を阻害する。株式は、何人もが投資することができ、誰とでも自由に売買することによって、その間の利鞘を取得し得るところに、魅力がある。それを、第一五〇条の定めたとおりの手つづきをふむことになると、当事者は著しい不便を感ぜざるを得ない。とくに、取引所で株式を売手と買手の手から手へ移転して行くような場合には、成文法の定めたこの技術規範の形式主義の不都合さは、最も明瞭にあらわれる。そこで、そういう場合には、一々に名義の書換えを行わないで、白紙委任状をつけてすみやかに売買を行い、永くその株式を所有しようとする者の手にそれが帰したときになって、はじめて、法律に定められた名義書換えをするという商慣習が成立し、それが一般に効力あるものと認められるようになった。この商慣習は、第一五〇条の強行法規に反するものであるから、正面からの解釈論をもってすれば、違法であるといわなければならない。しかし、商取引きの実際からいえば、成文法規は鈍重であって現実に適応せず、慣習的に成立した技術規範は株式市場における速度の要求にかなっているために、前者が後者によって押しのけられるという結果になったのである。

この現象は、明らかに法例第二条の規定と衝突している。法例第二条にしたがえば、慣習――公の秩序または善良の風俗に反しない慣習――が法律と同一の効力を有するのは、(一)法令がこれを認めている場合、(二)法令に規定のない事項に関するものである場合、の二つにかぎられている。したがって、(三)すでに法令に規定のある事項について、これにかわって慣習を適用することを認める別の法令がないならば、成文の法令を無視して慣習にしたがうことは許されない。しかるに、白紙委任状附記名株式譲渡の商慣習は、まさにこの第三の場合にあたるのである。法例第二条は、慣習法の成文法補充力を認めると同時に、成文法とことなる慣習法の適用については、一々法令の許容が必要であるとしている。それなのに、ここでは、法令の許容がないのに、慣習法が成文法に優先している。普通の場合には、慣習法は、成文法の委任を受けた範囲内、成文法と衝突しない限度内で、成文法と同等の効力をもつ。これに反して、この場合には、慣習法は、成文法の委任の範囲を乗り越え、当然に優先すべきはずの成文法規を押しのけて、事実上の効力を発揮している。このような現象は、法解釈学上いかに説明さるべきであろうか。[1]

この問題に対しては、根本の立場の如何によって、さまざまな答えが与えられ得る。もしも成文法規を金科玉条として固執し、事実がどうあろうとも、法規範の規範論理的な効力には変りはないと見るならば、違法の事実はあくまでも違法であって、それが法に転化することはないということになるであろう。けれども、形式上は違法の慣習が、その違法性にもかかわらず、成文法を押しのけて通用するにいたっている以上、それは何といってももはや法なのであって、これをどこまでも法ではないと主張して見ても、意味はないといわなければならない。[2] これに反して、逆に、成文法の法的権威を故意に軽んじ、社会生活の中から自らに発達して来る自生規範を真の法と考えるならば、慣習が成文法を押しのけて、成文法の認めない効力を発揮するのは、当然のこととして承認されるであろう。しかし、そのような論法で行くならば、事実がいかに法を破っても、すべて当然のことであるとされ、違法も不法も革命も、ことごとく法源としての承認を受け、その結果、法の安定性は全く無視されることをまぬかれまい。そこで、多くの学者は、規範論理主義の高踏論にも加担せず、さればとて、慣習法万能主義に走るほどの行きすぎをも犯さず、一応は成文法尊重の建前を堅持しつつ、それにもかかわらず、社会の実情の変化によって成文法と矛盾する慣習があらわれ、それによって成文法の効力が押しのけられるという現象が生ずることを、「事実」として承認しようとする。(3)

しかしながら、成文法と矛盾する慣習法によって、成文法が法としての効力の外に押しのけられてしまうことを、単なる「事実」として承認することは、法の自主性を維持するゆえんではあるまい。成文法の許容しない慣習は、成文法の立場から見れば「違法」である。そのような違法によって法が押しのけられることを、ひとたび事実として認めるならば、よしんばそれがどんなに些細な法秩序の一角でのできごとであるにしても、それは、すでに法に対する違法の勝利を認めることになる。その態度を押しひろめて行くならば、結局やはり、いかなる違法も、いかなる不法も、いかなる法の破砕も、天の時を得れば法の王座を占めることを、当然の成りゆきとして拱手傍観することとならざるを得ないであろう。かくて、法の自主性は無視され、法の権威は事実の蹂躙するところとなるほかはないであろう。

これは、法の存立の根源にさかのぼる大問題であるが、それを全面的に取りあつかうという仕事はのちにゆずることとして、当面の問題として取り上げた商慣習法の成文法改廃力だけについていうならば、この現象をば、単なる事実が法を押しのけたのであると説明したり、成文法を改廃する慣習法が存在することを単なる事実として受け取ったりするのは、この種の現象に対する正しい認識ではあり得ない。なぜならば、第一に、この場合、成文法を押しのけて法たる効力を発揮するにいたった商慣習は、決して単なる事実ではなく、その中に技術的な目的と、それにもとづく規範性とを含んでいるからである。そればかりでなく、第二に、成文法と矛盾する慣習が成文法規を改廃するのは、法が他律的に事実に屈したためではなくて、実用的でない成文法と、実際にかなった慣習とに対する、法的価値判断が下された結果にほかならないからである。

もちろん、ここに実例として挙げた白紙委任状附記名株式譲渡の商慣習のように、現実の経済生活の必要に応じて生れた技術規範は、事実上ひろく行われているという意味で、それ自身一つの事実であるにちがいない。しかし、それは決して無意味な事実ではなくて、経済的に意味のある事実であり、株式交換の速度の要求にかなった技術規範として、明らかに規範性を備えているのである。したがって、法解釈学者や裁判官が、形式主義に偏した成文法規の経済的技術規範としての不適格性を認め、経済上の実生活の中から生れた慣習的技術規範を、それより優れた実用性をもつものと見なし、前者が存在するにもかかわらず、後者に法たる効力を賦与するのは、法に対する事実の勝利ではなくて、法の立場からの自主的な価値判断の作用であるといわなければならない。田中耕太郎博士のいわれるように、「法は決して社会学的、経済的法則に盲従するものではなく、其の目的たる社会理想よりして法律実在中に存する法則を評価し取捨選択する」のである。[4] その結果として、成文法が、時にはその意に反して慣習法のために押しのけられ、法例第二条のような規定との摩擦を生ずるのは、法の安定性を重んずる立場から見て遺憾なことであるに相違ない。けれども、この場合において法の奉仕すべき主たる目的は、経済関係を円滑に秩序づけるにある。この主目的を生かすために、法の安定性について多少の犠牲を忍ぶことは、法の生きた機能を阻害しないためには、やむを得ない。慣習法による成文法の改廃は、かくのごとき目的の衡量や価値の比較にもとづいて行われる。そうして、それによって、一たび生じた法と経済的事実との間の不自然なずれが是正され、両者の合致がはかられる。法がかような自己調節作用をいとなむにあたって、主たる役割りを演ずるものは、裁判官であり、法解釈学者である。それは、あくまでも法の自主的な作用であって、決して法が他律的に事実によって動かされて生ずる現象ではない。

（1）　商法旧第一五〇条はその後の改正によって第二〇六条となり、かつ、第二〇五条において、株券の裏書による譲渡が認められることとなった。しかし、対抗要件そのものに変りはないから、この問題は現行商法についても存在する。

（2）　白紙委任状附記名株式移転の商慣習について、田中耕太郎博士は次のように説いておられる。「元来此の慣習は第百五十条の強行規定に反するを以て無効とすることが或は正論かもしれぬが、是れ取引の必要が判例をして妥協的に遂に実際は商法の規定に違反する慣習法をも之れに違反せざるものとして認めしむるに至り、公序良俗に反せざる範囲内にて技術に於て優れる私的自治が商法の規定を変更することも認めらるるに至った一つの例証と見るべきである。」再訂増補会社法、四四三頁。

（3）　この種の見解は、慣習法の効力に関する「事実説」である。「事実説」については第五章で改めて述べることとする。

（4）　田中耕太郎博士・改正会社法概論、二二二頁。

三　法を裏切る経済的事実

いままで述べて来たのは、法と経済的事実の間にずれの生ずる一つの場合である。そこでは、法と経済とは、大局において同一の目的を目ざしている。それにもかかわらず、成文法の規定の中に、複雑な経済関係を円滑に規律する技術として不適当な点があるために、事実上の経済生活の中にそれとはちがった技術規範が成立し、現実の経済関係が後者に準拠するようになった結果として、法と事実とがずれてしまっているのである。その場合、裁判官が法と喰いちがっている事実を法的に保護しようとすれば、すくなくとも形式的には違法の問題をひき起すであろう。しかし、それにもかかわらず、法の運用をつかさどる人々は、大局の目的から見て実用にかなっている経済的事実を尊重し、さような事実に内在する技術規範に法たる効力を与え、それによって規範と事実との合致をはかる方が、成文法規の形式的効力に拘泥するよりも、法の目的を生かすゆえんであると判断しているのである。それは、法が尊重に値する道徳的事実から遊離している場合、法の保護の外に置かれている道徳的事実にもすすんで法の保護を与え、両者の不健全な遊離状態を是正すべきであるのと、趣を一にしている。いずれの場合にも、法の形式上の安定性を多少犠牲にすることをまぬかれないであろうが、それによって購い得る法と事実の合致の価値からいえば、あえてこれを深く意に介する必要はない。

これに反して、法が経済を自然の動きにまかせて置かないで、これをそれとは別の方向に大幅にむけ直して行こうとする場合には、法と経済的事実との間に、いままで考察して来た場合のそれよりもはるかに深刻な不合致が生じて来る。この場合には、法がそうあらしめようとしている社会経済の方向と、経済生活の自然のままのあり方との間に、根本的な性格の相違がある。つまり、法は、或る政治上の目的に立脚して、社会経済の自然のいきおいを押え、これを強力な統制の枠の中にはめ込もうとする。これに対して、経済生活の実態の中には、依然として自然のいきおいのままに流れ、統制の枠をくぐってその外に逸脱しようとする動きが内在している。そのために、法の規律の表面と、経済的事実の裏面との間に、きわめてひろい範囲にわたるずれが生ずるのである。

それは、同じく法と事実との間のずれではあるが、自由経済の下におけるそれとは、性質が非常に違っている。自由経済の場合には、法が奉仕しようとしている経済の目的と、経済それ自身が追求しようとしている目的とは、根本において一致している。ただ、法がその目的にかなうようにと思って設けた規律が、経済の実際の要求と合致しないために、その部分だけについて局所的なずれが生ずるにすぎない。このずれをどう処理するかは、法理論の上では重要な問題となるけれども、経済生活の実際から見れば、それはむしろ些末な問題である。これに反して、法が経済を統制しようとする場合に、経済がこれに面従腹背の抵抗を試みるために生ずるずれは、それよりもはるかに切実であり、重大であり、かつ広汎である。わが国では、戦時中の統制経済がこのずれに悩んだ。そうして、戦後の今日もまた、戦時中のそれとは根本の方向と目標とをことにしているとはいえ、経済再建のための統制と、その裏をかく闇現象との間のずれがあって、大きな社会問題を提供している。

自由経済から統制経済への転換はさまざまな事情によって促進されて来た。

その一つは、自由経済そのものの行きつまりである。自由経済は、企業の自由と契約の自由とを基礎として、その上に築き上げられる。そこでは、利潤追求の自由があり、活潑な自由競争が行われる。しかし、自由競争が激甚になって来ると、企業家は、競争の苦痛をまぬかれるために、同業者の協定もしくは合同によって独占企業形態を組織するようになる。そうして、自由競争を打ち切り、独占資本の一方的な見透しと採算とによって、生産を行い、価格を決定し、市場を開拓しはじめる。その結果、中小企業家は立ち行かなくなり、労働者は、独占資本家のいうなりの労働条件で働くことを余儀なくされ、国際的な景気の変動等によって生産過剰に陥れば、一挙に大量の失業者が出るというような、病的現象が起る。しかも、商品の生産と価格とが独占資本家の一方的な利益によって決定されるから、一般消費者の生活にも脅威が加わる。こうした高度資本主義の病弊を是正し、中小企業家や労働者や一般消費者の利益を保護するためには、自由経済に統制を加え、企業の集中を排除し、中小商工業の連合を助成すると同時に、労働者の保護と、その自主的な地位の向上とをはからなければならない。このような統制は、資本主義経済が、微温的であるにしても、社会主義の線に近づいて行くことを意味する。そうして、社会主義の線への接近の程度が高まるにつれて、自由経済の奔放性と利潤追求の貪婪性とに対する法的統制は、それだけ強化されることをまぬかれない。

自由経済から統制経済への転換を異常ないきおいで促した第二の事情は、平時経済から戦争経済への切りかえであった。

戦争が何のために起るか、また、何のために起ったかは、いまは問わない。戦争をしかける側に立ったか、あるいは、しかけられた戦争を受けて立つ側での事柄であるかも、ここでの問題ではない。いずれにせよ、迫って来る戦争、勃発した戦争は、国民経済の相貌を変革する。生産を重点的に軍需にふりむけ、利潤を抑制し、消費を切りつめて、戦費をまかない、物価の昂騰を抑えて悪質の通貨膨脹を防ぎ、国民生活を最低限度において安定させる、等の非常措置が講ぜられる。これらの措置は、すべて法の経済に対する積極的な干渉となってあらわれ、戦時統制経済法が屋上屋を重ねて発達する。こうした傾向は、戦争の規模が大きくなり、かつ、戦争の規模にくらべて、一国の軍需生産資源や施設が不十分であればあるほど、それだけ無理押しに強化されざるを得ない。

戦争が勝利をもたらしたにせよ、敗北に終ったにせよ、戦争が終了すれば、戦時経済はふたたび平時経済に還元される。しかし、戦争の打撃が大きい場合には、勝利をかち得た国でも、経済の建て直しをするために、統制を継続して行う必要がある。まして、敗戦国において、その必要が一層大きいことは、いうまでもない。工場は破壊され、農村は荒廃し、生産は激減した状態から出発して、国民経済を復興させるという難事業を遂行するには、周密な計画経済を強力に実施して行くほかはない。ことに、インフレエションの処理は最も困難であり、そのためには、場合によって、戦時経済より以上の思い切った措置を講じなければならないこともある。戦後経済の再建をはかるのに、自由経済の長所を生かす方式によるか、社会主義の方向にすすむ方法を採るかは、政治的基本方針の分岐点であるが、自由経済への復元をはかるにしても、統制の枠を一挙にはずすというようなことは、思いもよらない。故に、自由経済へ戻ろうとする場合にも、自由経済を統制の枠の中に封じ込む強力な措置を、しばらくの間はつづけて行かざるを得ないのが、このような変態社会の特色であるといってよいであろう。

いずれにせよ、統制経済は、強力で大規模な法的強制なしには行われ得ない。ということは、いいかえれば、経済社会の自然のいきおいは、法的統制をいみきらい、隙さえあれば窮屈な法の枠をふみ越えて、自由の世界に手足を伸ばそうとしてやまないことを意味する。そこに、法の目ざす社会経済のあり方と、自然のままの経済生活の動きとの間の、大きな喰いちがいが存する。もしも為政者のかけ声一つで統制経済の足なみがそろうならば、統制経済法の強制機構を設ける必要はないはずなのである。法によって統制を強化する必要があるということは、統制に反撥する経済の力がそれだけ強いことの証拠である。したがって、法が経済統制の準則を幾重にもはりめぐらしても、現実の経済生活は、かならずしも法の期待する方向に歩調をそろえて動いては来ない。すなわち、利潤追求に慣れた企業形態、営利心を原動力として動かされていた配給機構、われ勝ちに生活必需品を獲得しようとする消費者心理といったようなものが、統制経済に抵抗して、その運営をさまたげる。その結果として、随所に法の規律と経済的事実との間に大幅のずれが生ずる。この種のずれは、統制経済の長堤を裏面から切りくずし、国民生活を収拾し得ない破綻におとしいれるおそれがあるだけに、その対策が重大な意味をもつこと、前に述べた、同じ自由経済の中に生ずる単に技術的な法と事実との間のずれの比ではない。

統制経済の法組織と、自由経済的事実生活との間のずれは、まず、経営の面にあらわれて来る。元来、資本主義の経済機構を革命によって全面的に否定し、企業の組織を根本から社会主義化するような場合は別として、戦争その他の事情の下に行われる自由経済の統制経済化は、原則として、自由経済の時代に発達した企業形態を利用しつつ、それを法的に「管理」するという仕方で遂行される。電力を国家の管理に移したり、私企業的な石炭鉱業を政府の統制の下に置いたりするのが、それである。自由経済の時代に発達した発電企業や炭鉱会社のような機構は、機構それ自体が大量生産に適合するようにできているばかりでなく、その経営にあたる経済人の経験や技術が、にわかに代替を許さない価値を有するものであるために、これを無視しては、生産の活動が停頓してしまうおそれがある。そこで、統制経済は、自由経済の「機構」と「人」とを継承しつつ、これに新たな「目的」を注入し、これを新たな「精神」の下に規律することによって、その目的を達成しようとする。しかるに、自由経済の機構と人とには、すでに自由経済の「目的」と「精神」とが深く浸潤しているために、これを根本から新らしい方向にむけなおすことは、容易なわざではない。しかも、それを行わなければ、その統制経済の組織は、単に自由経済の胴体に新らしい雁首をすげかえただけのことになって、戦争経済の要求にもかなわず、また、戦後経済の再建もはかばかしくは運ばない。さればといって、自由経済の胴体に深く斧鉞を加えようとすれば、角を矯めて牛を殺す結果に立ちいたらないとはかぎらない。たとえば、敗戦後の日本の経済のあり方については、社会主義の方向につきすすむべきであるという要求が強い。しかし、後進資本主義国家として、これまで資本主義的に築き上げられて来た日本の国民経済体制が、戦争と戦災とによって大打撃を負うている今日、にわかにこれを社会主義的に編成替することは、重態の病人に対して大手術をするようなものであろう。その危険を避けようとする以上、資本主義的企業体制の上に必要な統制の枠をはめることをもって満足せざるを得ない。このような形式と実体との間の不協和から、経済統制法の要求と自由経済的企業経営との間のずれが生ずる。

そこで、経済統制法の運用にあたっては、自由経済的企業主体を監督し、指令し、督励するために、経営面に対する官庁の介入を強化することが必要になって来る。まず、政府の中に、企画庁や経済安定本部のような統制経済の中枢機構が設けられ、そこで、資源・労働力・人口・輸送能力、等を綜合的に衡量しつつ、生産をいかに重点的に増強し、配給をいかに適正に行きわたらしめ、消費をいかに過不及なく規制するかの立案が行われる。そうして、行政各部の官庁が、統制法規にしたがって、その計画の遂行にあたることになる。このような計画経済は、周密な調査と、精確な技術的運用とを必要とする。しかるに、実際にそれだけの用意と余裕とがない場合には、計画がかならずしも実際に適合せず、はなはだしい場合には、単に机上においてのみつじつまの合う立案に堕する危険がともなう。かくて、統制経済の目標が適正でなく、その運用の技術に不備があり、生産に齟齬をきたし、配給の公正をあやまり、消費の均等を欠くこととなれば、立法目的の達成を渋滞せしめるばかりでなく、統制経済に対する国民の不信と不安とをつのらせ、さまざまな破綻を生ずることをまぬかれない。ことに、経済機能の実態に通じていない官吏が、監督権や許可権をにぎって、経済の実際に明るい生産者や商人の活動を掣肘するために、いわゆる官僚統制の弊害を生み出す。そこを打開するためと、ぬけがけの利益にありつくためとで、生産者や商人が金品を餌に監督官をろうらくするということになれば、「滅私奉公」や「祖国再建」の看板の蔭で、酒盃が乱舞し、札びらが切られるという、法と不法との腹合わせの状態が現出する。

さらに、これを消費経済について考察するならば、この方面から見た統制経済生活は、窮極において人間の死活の問題であり、したがって、最も深刻な様相を呈する。よしんば、現に統制下に置かれている消費生活が、それほど深刻な段階には達しておらず、むしろ、国民生活の最小限度の安定を保障するために消費統制が行われているのであっても、人はとかくに死活の不安を近い将来に予想して、統制の網をくぐろうとするかたむきがある。その傾向は、いわゆる「買いだめ」となってあらわれる。ことに、法規通りの消費規制をそのままに守ったのでは、文字通り死線を彷徨するほかはないような場合には、国民は、明日の生存を守るために今日の脱法をあえてするということになる。食糧の配給に遅配・欠配が生ずれば、列車に鈴なりとなる「買い出し部隊」は、自分たちの現に行いつつあることを法を破る行為とは意識しなくなるであろう。五升の闇米をもつものを捕えた警察官や検察官は、それを検挙するのが正しいのか、それを見のがすのが本当であるのかに、迷わざるを得ないであろう。そのような状態は、自らにして国民の遵法心を麻痺せしめ、「生きるため」という口実の下に、必要以上に必需物資の取引きを行わしめるにいたるであろう。法と経済生活の事実とは、かくて大幅にずれて行く。

このようにして、統制経済法の裏面で行われる行為は、文字通りの「闇取引き」である。したがって、それはもとより国法の保護の外に置かれている。

それでは、法の裏をかいて行われる自由交換経済は、国法の保護を受け得ないために、たちまち無秩序の状態に沈論してしまうかというと、決してそうではない。国法秩序の規律の及ばない事実生活の下層に沈澱している自由交換経済にも、一種の自己法則的な規律があって、強制規範の裏打ちを受けず、裁判に訴えれば、訴えた者がまず罰せられるような状態にあるにもかかわらず、約束は守られ、信用は重んぜられ、給付と反対給付との釣り合いが取れて、法の認めぬ別個の秩序が成立する。そこには、闇商人があり、闇相場ができ、闇契約が結ばれ、闇秩序が保たれる。もしも、強制秩序の保障を受け得ない経済上の闇取引きが、利己心と自利心との衝突によってたちまち崩壊するような脆弱なものであるならば、国民経済の法的統制は比較的容易に一元化して行われ得るであろう。しかるに、実際には、自由交換経済における目的と手段の相互依存関係が自働的に作用して、利己心と自利心とが衝突するかわりに、法の光りのささぬ日蔭の世界で互に巧みに調和する。そこに、自由経済の自己法則性がある。国家的統制の力が弱く、裁判による権利の保護や義務の強制が行きわたらない中国社会において、面子と信用とを支柱とする商品交換経済が、なおかつ秩序を保ちつつひろく行われ得たという事実は、この自由経済の自己法則性を雄弁に立証するものといってよいであろう(1)。国家の政治目的によって統制を強化しようとする場合にも、その統制を嫌う需要・供給の自然法則が作用して、法の認めぬ、もしくは、法を裏切る経済的事実秩序ができ上るのである。かくて、統制経済の強行を目ざす国法秩序の下層部に、国法と没交渉の自由経済的生活事実が、公然の秘密としてひろく行われるにいたることは、学問的にはきわめて興味の深い、しかし、実際上はきわめて厄介な、法と経済的事実との遊離であるといわなければならない。

(1) 田中耕太郎博士は、中国の商人の間ではいかなる大金の貸借といえども、証文なしに、かつ無担保で行われ得るということ、そこでは、国家的法廷による強制は恥辱とされていたことを指摘し、これらの現象を説明して、「契約はこれを遵守すべし」（Pacta sunt servanda）という自然法の原則は、中国の商人社会において最も自然に実現されているのである、といわれる。田中博士・法家の法実証主義、一四三頁。

四　法を裏切る経済的事実に対する措置

統制経済の下に生ずる法と経済的事実との間のずれをどうして矯正するかは、すこぶる困難な問題である。しかし、法と経済とが共同の目的を目ざしながら、なおかつ、法の規定する技術規範が実情にそわないために、法と事実との間に局部的なずれが生ずる場合とちがって、いま問題としている法と経済的事実との遊離は、たとえば、戦争目的の遂行とか、敗戦国の経済再建とかいう場合にそうであるように、国家や民族の死活の運命に直接の関係をもっている。したがって、法は、法を裏切るそのような経済的事実を、違法であるにもかかわらず尊重するというわけに行かないことは、もとよりいうまでもない。いいかえると、経済的事実が法から遊離しているのに対して、法の側から身を屈して事実の方に歩みより、それによって法と事実との間のずれをなくするという態度を採るわけには行かない。それどころか、法は、法を裏切る事実を単なる「違法」と見るにとどまらず、すすんでそれを「不法」とし、「犯罪」とすることによって、公然とこれに対する闘争をいどまざるを得ない。そこで、法は、たとえば供米に応じない農家にむかっては強権を発動し、闇取引きを行った商人や消費者に対しては刑罰をもってのぞむというふうにして、極力、法から逸脱する経済的事実を抑圧・排除して行こうとする。

けれども、統制経済の強行が国家や民族にとって死活の分岐点であるとするならば、統制経済の法網をくぐる行為の側にも、国民にとっての生死の問題であるというい分がある。配給食糧だけでは栄養失調におちいるほかはないということになれば、消費者は「生きるために」やむを得ないとして、主食の買出しに狂奔するであろう。そうなれば、真に生きるためにやむを得ない者だけでなく、それほどにさし迫った事情にない場合にもまた、「生きるため」という口実をかかげて、脱法行為をする者が多くなって来るであろう。そこへつけこんで、同じく「生きるために」やむを得ないと称する闇商人が殖えるであろう。さらに、そこへつけこんで、公定では採算が採れないとする生産者は、生産品の大口の横流しを行うであろう。かくて、「合法的」な公定の表座敷にはほとんど品物があらわれず、闇値ならば何でも手に入るという社会経済の病理現象がはびこるであろう。誰でもが自分の身を可愛く思うし、かてて加えて、人間の利潤追求の慾望にはかぎりがない。その誘惑の手が統制経済の執行官庁にまで伸びれば、表むきの大義名分は単なるかけ声と化し、いたるところの裏口に闇の花が咲くことになる。それが滔々たる大勢となって来ると、いかに法が取締りを厳格にし、刑罰を加重しても、法と経済的事実との遊離に対しては、二階からの眼薬ほどの利き目もなくなる。そうして、強制との結びつきをもって本質とし、武器とする法は、それにもかかわらず、法的強制の無力さを歎ぜざるを得なくなって来る。

このような趨勢に対して、法としてまず心がけなければならないのは、いかなる法といえども不可能を強いることはできないという原則への反省である。

もちろん、すでに法が、戦争の遂行とか祖国の再建とかいうような至上命令をかかげて、経済統制の決意を固めている以上、無理は覚悟の前であるに相違ない。一方では二合七勺で食生活をまかなえといい、他方では一週四十八時間休みなく働けと命令することは、もとより無理であろう。一方では物価体系が容易に確立されず、他方では賃金ベエスの引き上げを抑えるというのは、国民に大きな窮乏を強いることにほかならないであろう。法は、それを知りつつ、それを行おうとする。なぜならば、法は、それを行わなければ国家の再建は不可能であり、インフレエションの毒牙が国民経済の中核を喰い破ってしまうと見ているからである。しかし、それにもかかわらず、もしも法の強行しようとすることが、無理を通り越して不可能の域に達しているとするならば、そのような法は、法としての身のほどを知らないのである。法がその分限を越えて、不可能を強いようとすれば、国民はこれに追随し得ない。したがって、表むきだけ法にしたがっているような見せかけを作って、裏では事実を法からずらすためのあらゆる工作が行われる。かくて、合法性の外観の中味は、違法・脱法・擬制の事実で満たされることになる。法の権威は失墜し、国民の遵法心に大きなひびわれが生じてしまう。その危険を避けるためには、法の規定は、無理であることはよいとして、履行可能な範囲で満足することが必要であるといわなければならぬ。

この点と不可分に結びついた問題として配慮されなければならないのは、経済統制の技術の適正化に最大の努力を傾注するということである。

統制経済は、需要・供給の全面にわたる周密な計画に立脚しなければならないが、よしんばその計画が全体として遂行可能な見透しに立脚していても、もしもその計画を実行に移すための技術が適切でないならば、可能なはずの計画が、実際には、国民に無理を通りこして不可能を強いることにならざるを得ない。この弊は、いわゆる官僚統制の場合にとくに著しくあらわれる。故に、統制法規の立法に際しては、生産業者・配給業者、等の意見を十分に徴し、その運用にあたっても、事業界および消費者の代表によって構成された委員会のようなものを設け、経済統制が計画倒れにおちいることがないように工夫すべきである。さらに、統制そのものの実施を、官僚による他律統制から、商工組合のような組織による自治統制に移すことも、考慮されてしかるべきであろう。

それとならんで、統制経済における法と事実との疎隔を防ぐために最も大切な事柄は、法と道徳との全面的な連関と協力とである。

元来、自由経済の法の特色は、その「無倫理性」にあるといわれる。自由経済の単位をなすものは、それぞれ自己の私益を追求する無数の功利的な経済人である。これらの経済人は、現実には、同時によき父であり、優しい夫であり、親切な隣人であることが多いであろう。すなわち、多くの経済人は、現実には同時に道徳人であろう。しかし、こと経済に関するかぎり、かれらは道徳的に中性な赤裸々な経済人となって、自己の利益のために採算し、企業し、経営し、取引きする。これに対して、法は、できるだけ企業と経営と取引きの自由を保障する。したがって、それらの無数の経済人の間には、活潑な自由競争が行われ、無慈悲・冷酷な優勝劣敗の結果があらわれる。しかも、優勝劣敗の結果が冷酷にあらわれるからこそ、生産者は、できるだけ廉く、よい品物を作って競争に勝とうとするし、不利な立場に追い込まれた資本家は、競争のすくない企業に転換して、利潤を得て行こうとする。それによって、需要・供給のバランスが取れ、各生産者は大なり小なり適当に利益を獲得し、消費者もまた、需要に応じた品物を比較的に廉価で入手できる。そうして、適者生存の理法によって最も有能な経営者が経済上の指導者となるから、全体として国民経済は繁栄し、国民生活の水準は高められて行くというのが、自由経済の「理念」である。このような自由経済の角逐場裡にも、もとより互に守らるべき競争手段の限度がある。それを定めているのが、自由経済の法である。しかし、その限度内の自由競争ならば、いかに義理人情を欠いていても、いかにシャイロックのような冷酷さがあっても、ひとしく法によって保護せられるというところに、自由経済の法の没倫理性が認められる。[1] つまり、そこでは、かならずしも道徳の裏づけを必要としない法が、いや、或る意味では道徳と縁もゆかりもない法が、きわめて機械的に取引きの要件を定め、その効果を保障しているのである。

これに対して、統制経済の法は、何よりもまず道徳の裏づけを必要とする。需要と供給の間の自働調節作用によって行われる自由経済とちがって、統制経済にはかなりの無理がともなう。それにもかかわらず、法の規定する統制が守られ得るということは、単なる強制や厳罰主義だけの力の及び得るかぎりではない。強制もなければならず、刑罰の裏打ちも必要であるが、それよりもはるかに大切なものは、遵法の道徳である。法を守ることそれ自身が道徳上の義務として意識され、国民がすすんで統制にしたがうのでなければ、経済統制法の実効性はとうてい発揮され得ない。そこに、統制経済における法と倫理の表裏一体の結合が強く要求される。

しかし、統制経済における法と倫理の結びつきは、往々にしてはなはだ作為的であることをまぬかれない。経済を自然の成り行きにまかせないで、法によって統制するということは、それ自体すでに作為的である。しかも、その作為的な法には、社会経済の自然の動きを抑えたりはばんだりする点で、大なり小なり無理がともなう。それにもかかわらず、経済統制法の実効性を保たせて行くためには、違反行為に対する強制を励行するだけでは足りない。そこで、法は、その実効性の手薄なところを補うために、道徳の応援を頼もうとするのであるから、その頼みに応じて登場して来る道徳の応援は、ややもすれば、見えすいて作為的なものとなり勝ちである。戦時中の日本の統制立法が、不慣れ不手ぎわな経済統制の破綻を防ぐために、「滅私奉公」の倫理を増援隊にくり出したのは、法と倫理の作為的な結合の典型であったということができよう。「産業報国」とか「貯蓄報国」とかいうポスタアをはりめぐらし、町会から隣組にいたる配給管理および消費査察の組織を作り、皇居遥拝にはじまる常会の申し合わせの励行を誓わせたごときは、その最も特徴的な作為にほかならなかった。統制法の力の足りないところを遵法の倫理で補おうとする場合、それが結局において「統制道徳」に堕するおそれのあることは、この種の実例が立証してあまりあるところであるといわなければならない。

いうまでもなく、道徳の本質は自律にある。自らすすんで規範にしたがうのが、道徳の道徳たるに値する態度でなければならぬ。いいかえれば、強制された道徳、統制された倫理は、真の倫理ではないのである。それでは、それ自身に無理のある経済統制法が、その劃する枠の外に逸脱しようとしてやまない経済的事実に対して、なおかつその実効性を維持するために増援を求めることのできる道徳は、いかなるものであり得るであろうか。

この問いに対して答えを与えるものは、民主主義の原理である。民主主義の原理にしたがえば、法は国民の意志にもとづいて定立される。国民の意志にもとづいて定立された法は、国民の自由に対して大なり小なり拘束を加える。しかし、国民の自由を拘束する法は、それ自身、国民の意志にもとづいて行われているのである。したがって、民主主義の立法方式によるかぎり、法の拘束は、国民にとってあくまでも自律の拘束であって、他律の抑圧ではない。だから、法の拘束が強化され、経済上の自由が大幅に制限せられても、それは、国民のもつ本来の自由と決して原理的に矛盾するものではない。国民が、自己の自由な意志によって定立された法に、自らすすんでしたがうことは、自由と不可分に結びついた道徳上の「責任」である。この責任の自覚が十分に行きわたっているところでは、いかに経済統制法が窮屈であり、国民に高度の耐乏を要求するものであっても、すすんでそれを守ることが、社会道徳の正しいあり方であるということになる。今日のイギリス国民が、強度の統制法の下に耐乏生活をつづけつつ、しかもほとんど「闇」がないといわれるのは、かくのごとき民主主義の社会倫理が深く自覚されているがためにほかならないであろう。自ら作った規則を自ら守るということ、――統制経済の下における法と倫理の健全な融合・協力は、この観念の上にのみ築き上げられ得る。そうして、統制経済を実行しつつ、しかも、法と事実とのずれを防ぐ道は、ここにあって、ここ以外には存在し得ない。[2]

（1）　川島武宜教授は、『自由経済における法と倫理』という優れた論文の中で、自由経済の法の無倫理性を鋭く分析しておられる。法律時報、第一四巻、第六・七号。

（2）　法は外的強制によって行われる。したがって、法の拘束は、本質的に他律である。しかも、民主主義的立法の原理によれば、法は国民の自由な意志にもとづいて定立される。それ故に、民主主義の下での法の拘束は、国民自らの意志による国民自らの生活の規律であり、その意味で自律の拘束たることを建前とする。かくて、民主主義の法は、その本質的他律性にもかかわらず、その基礎に道徳的自律性をもつものとして意義づけられる。かように、社会秩序の奥底において、法と道徳的自律との合一を可能ならしめていることは、民主主義の原理の最も卓越した点の一つであるということができよう。

五　経済的利害の対立とその法的調整

法が市民社会の経済活動に対して大幅の自由を認め、私有財産を保護し、自由な契約の効果を保障すれば、その下で自由交換経済が活潑に行われ、産業はさかんに興り、市場はひろく開発され、商品は店頭ににぎにぎしく飾り立てられるようになる。企業家はその財産を資本として、利益の多い事業を経営し、利潤を吸収する。自由競争に敗れた企業家は、その資本を別の事業に投下し、消費者の必要と趣好とにかなった生産を行う。しかも、同一企業相互の間に適正な競争が行われているかぎり、商品の価格は原価に若干の利潤を見つもった限度以上には高騰しないから、消費者が無闇に高い品物を買わされるおそれもない。そこで、市民社会の人々は、市場において自由にその欲する商品を購入し、各自の消費生活を満足させることができる。生産者と消費者との間には、商品の配給を仲介する商人が介在して、流通を円滑ならしめつつ、それぞれ利益の割前を受ける。かくて、すべての人々が自由に企業し、自由に商売し、自由に消費しつつ、繁栄する経済の利益を享受し得るというのは、自由経済のために描かれた理想図にほかならない。

しかし、このような自由経済の理想図においても、何よりも大切な物資の生産に直接に従事する労働者は、毎日毎日の労働に対して固定した賃金を受けつつ生活する立場に置かれる。この賃金は、労働者の生活を保障するものではあり得ても、その労働によってもたらされる生産および創造の価値にくらべると、はなはだ乏しいわけ前であるにすぎない場合が多い。他方、多くの労働者を傭って企業を経営する資本家は、原料の仕入れや、工場の経理や、生産品の販売のために、筋肉労働とは次元を異にする精神的な配慮と心労とを必要とするには相違ないにしても、企業によって生ずる利潤は、それをつぐなってあまりにも余剰に富んでいる。ことに、株式による企業への投資がさかんになるにつれて、単なる投資家は、投機の失敗や株価の値下りによって損失をまねくおそれはあるにしても、労せずして配当を受け、株式売買の差益を取得することができる。かくて、生産のために恒常不断の勤労を捧げる労働者は、いつまで経ってもその日ぐらしの境涯から浮び上ることができず、資本家は、その所有する財産を適当に運転するだけで、いくらでも不労所得を積み重ね得る立場にある。しかも、その利益は、かならずどこかでの営々として倦まない勤労によってまかなわれているに相違ない以上、その間の不公平は、とうてい永くそのままには放任できなくなって来る。

ことに、この傾向に拍車をかけるようになったのは、近代産業における私的独占の発達である。独占は、同一産業に従事する企業家たちが、自由経済の特色たる自由競争を継続することをやめて、企業の合同をはかることによって成立する。自由競争は、資本主義社会での需要と供給の関係を自然に調節し、商品の価格が一部の企業家の利潤追求慾によって一方的に釣り上げられることを防ぎ、よい品物を比較的に安く市場に提供せしめるのに役立つ。しかし、それは、それだけに、企業家にとっては常に苦痛であり、負担である。そこで、かれらは、この苦痛からのがれるために、企業を合同し、価格を独占して、あるが上にもあり余る利潤を吸収しようとはかる。そうなると、消費者は、独占資本家が一方的に決定した価格によって、それ以外に選択の余地のない品物を買うことにならざるを得ない。ことに、労働者は、企業を独占する経営者が指定する労働条件の下に、雇傭者の要求するがままの労働を提供する以外に、生きる道を見出すことができない。しかも、ひろい市場を目あてに、一方的な計算によって生産を行う独占企業では、その計算が外れた場合には、往々にして予期しない生産過剰におちいり、その結果、事業の縮小と従業員の解雇とを行うことを余儀なからしめられる。そのために、労働力の提供はいっそう豊富になり、それがまた労働条件の低下に拍車をかけることになる。それにもかかわらず、労働関係を資本家と労働者との間の自由な契約のままに放任して置くならば、労働者はますます不利な立場に追いこまれることをまぬかれない。

労働者が、資本主義経済組織の高度化にともなうかくのごとき不利な立場からその身を守るための根本の方法は、団結の力を発揮するにある。

資本家は、何ごとに対しても万能の力を有する資本をもっているのに対して、労働者は、「働く手」以外に頼るべき何ものをももたない。したがって、資本家と労働者とが個別的な契約によって雇傭の条件を定めているかぎり、労働者は、資本家が一方的に決定した労働条件をそのままに甘受することにならざるを得ない。なぜならば、その条件に満足しない労働者があっても、資本家は、そのかわりの労働力の提供者に事欠かないのに、労働者は、そこに提供されている職場を蹴っては、他にそれ以上の条件を備えた仕事を求める目あてがないからである。かくて、自由な意志の合致たるべきはずの雇傭契約は、実は、雇傭者側の定めた条件の受諾を強制する支配・従属の関係と化する。そうして、そこに雇い入れられた労働者は、待遇の改善を要求しようとしても、それへの答えとして解雇を申しわたされるおそれがある以上、いつまで経っても、その従属的な地位から脱却することはできない。

これに反して、「働く手」をもつ労働者が団結して、資本家側と団体交渉を行うようになれば、労働者団体の組織的な行動は、進退いずれにせよ資本家にとって軽視しがたい力となる。何となれば、「働く手」が団結して、一定水準以下の労働条件を受諾することを拒否し、または、現在の不当な待遇を改善することを要求している以上、これを頭ごなしにはねつけるならば、工場の操業を停止せざるを得ない破目におちいるからである。かくて、労働者と資本家との間の経済的利害の著しい対立は、前者の泣き寝入りの状態から、労働者の団結力と資本家の経済力との間の闘争へと展開するにいたった。

この闘争を成り行きのままにまかせて置くと、だんだん規模が拡大して、資本主義経済の生産機能に重大な脅威を与える。ことに、資本家としては、労働者の団体交渉を受諾すれば、企業経営上大きな人件費を負担しなければならないし、交渉を拒絶すれば、争議行為によって生産活動がとまってしまうから、いずれにせよ、それまでのように労働力を搾取して、一方的に企業利潤の蓄積をことほいでいるわけには行かなくなる。そこで、自由交換経済を保護しつつ、その上に資本主義の生産組織を築き上げて来た市民社会の国法秩序は、最初のうちは、このような労働運動に対して弾圧的な態度をもってのぞんだ。いいかえると、その当時の法は、労働者がその生活権を守るために行う団体行動をば、「不法」の事実行為として禁止するという方針を採った。

しかしながら、法が労働運動を弾圧しようとすればするほど、この種の「不法」な事実は、それによって鎮静におもむくどころか、かえって反対に激化する。なぜならば、法が「不法」の烙印を捺しているところのこうした事実行為は、直接に生産に従事することによって社会をうるおしている労働者が、その勤労の果実からの正当なわけ前を得ようとする懸命な要求である。それは、単に生きる権利の主張であるばかりでなく、各人がかれの勤労にふさわしいかれのものを得ようとする正しい努力にほかならない。したがって、それを「不法」として抑圧しようとする法は、公正な配分の理念に対して弓を引くものであり、その法によって「不法」とされているところの事実行動は、人間平等の正義によって勇気づけられているからである。

もちろん、法は正義を尊ぶと同時に、秩序の安定を重んずる。したがって、法の立場からいえば、いかに正しい要求といえども、それをつらぬくために筋道を立てずに秩序を破ることは許されない。法の根本の理念は、単なる正義でもなく、また、単なる秩序でもなくて、正義と秩序との調和でなければならぬ。それ故に、正義の主張をつらぬこうとする行動といえども、秩序の破砕をあえてしようとする以上、「不法」として排斥されることをまぬかれない。しかし、このことは同時に、単なる秩序の名の下に人間の正しい要求をあくまでも抑圧しおおせるものでないことを物語っている。法が頑迷にそのような態度で押しとおそうとすれば、不当に圧迫された正当な主張は、大なり小なり秩序を破る実力行動となって爆発する。イギリスをはじめとする資本主義国家の労働運動弾圧の態度が、抑えようとしても抑え切れない労働者階級の必死の抗争の前に、次第に崩れはじめて、ついに労働運動に対する放任または保護の方向へ切りかえられるにいたったのは、かような正義と秩序との調和の法則にしたがう歴史の動きであった。

法が労働者の団結や労働組合の活動に対する弾圧を廃止し、これを自由に放任するようになれば、不法とされ、犯罪として取りあつかわれていた組合運動や争議行為からは、「不法」の烙印が取りのぞかれる。しかし、それだけでは、このような活動が法によって保護されるというところにまでは行かない。したがって、それは、不法ではないが「法外」の事実として、法と牴触することなしに行われているという状態にとどまっている。労働組合の活動は労働者の自主的な意志と努力とによってもり上って行くべきであるという建前からいえば、労働運動に対しては自由・放任の方針を採るのが本当であるともいえる。逆にいうならば、労働運動に対して積極的な保護政策を採用することは、組合を政府の御用団体と化するおそれがないとはいえない。

けれども、経営者の掌握している資本の力が非常に強大であれば、労働者が団結してこれと交渉しても、切り崩しを受けたり、雇傭に際して組合に参加しないという条件をつけられたりして、労働組合の正常な活動を阻害される危険がある。したがって、現代の多くの国々では、労働運動に対する態度は単なる放任政策の線を越えて、保護政策の方向にまですすんで来ている。

日本では、太平洋戦争の終るまでは、労働運動に対して終始弾圧政策が行われていた。それが、敗戦後、連合国の占領政策にしたがって、組合保護の方針に大きく転換するにいたったことは、周知の通りである。この方向転換は、根本的には、新憲法による労働権の確立および団結権・団体交渉権の保障となってあらわれ、その精神は、さらに、労働基準法や労働組合法の制定によって具現せられた。中でも、労働組合法は、組合の活動が資本家側の圧迫を受けることがないようにするために、第一一条の規定を設けて、使用者のそうした行為を明確に禁止している。それによると、使用者は、労働者が労働組合の組合員であること、あるいは、労働組合を結成しようとし、もしくはこれに加入しようとしていること、さらにはまた、組合の正当な行為をなしたることを理由として、その労働者を解雇したり、これに対して不利な取りあつかいをしたりしてはならない。また、使用者は、労働者が組合に加入しないこと、または組合から脱退することを、雇傭の条件としてはならない。そうして、使用者が第一一条の規定に違反した場合には、六月以下の禁錮または相当の罰金に処せられる（第三三条）。すなわち、ここでは、労働組合の活動が法によって容認されているばかりでなく、組合活動に圧迫を加える使用者側の行為が、「不法」として排斥されているのである。いいかえると、かつて労働運動の側に存在していた不法性が、逆に、正常な組合活動の上に圧迫を加える経営者側の行為の方に移されたのである。敗戦を転期として、労働運動に対する法の態度が、弾圧方針から保護方針に急角度に変化したことは、「不法」の所在のかような転換一つによっても明瞭に物語られているということができよう。

労働組合法や労働基準法は、これまで一方的に不利な立場に追いやられていた労働者が、その自主的な団結と団体交渉によって適正な労働条件を獲得し、自ら地位の向上をはかるための、法的根拠を確立した。しかし、これらの労働立法は、資本家と労働者との間の経済的利害の対立が、それによって単純になごやかに解消することを期待しているわけではない。すでに、資本家が労働者を使用して事業を経営し、労働者は勤労を提供して賃金を得る立場に立っている以上、両者の間に往々にして険しい対立の関係が生ずることは、まぬかれがたいところである。この対立が激化すれば、いいかえると、労働者が団体交渉によって労働条件の改善を要求しても、経営者があくまでもその要求を拒否するならば、組合側としては、最後の手段として同盟罷業に訴えざるを得なくなるであろう。国家の法が労働運動に対する弾圧の態度を改め、これに自由を許し、すすんでこれに保護を与えている以上、罷業その他の争議行為を「不法」として禁止するということは、筋が立たない。しかし、かくのごとき争議行為が頻発すれば、生産は阻害され、交通は杜絶し、国民生活は脅威を受け、正常な社会秩序は混乱におちいるであろう。法は、争議行為に不法の烙印を捺すことはできないが、さればといって争議行為によってかもし出されるかくのごとき秩序の混乱を、そのままに拱手傍観しているわけにも行かない。法が、この矛盾した立場にあって、しかも、この経済的利害の対立を緩和するために講ずる措置は、労働関係の調整である。

もしも、かつての労働運動弾圧時代のように、労働争議の激化した形態を強制的に抑圧することが許されるならば、法は争議行為に対して強権を発動し、刑罰の断を下せば足りるであろう。かりにまた、労働関係を単なる私法上の契約関係として取りあつかってさしつかえないならば、労働者が同盟罷業に訴えた場合にも、法は使用者側の訴訟提起を待って、労働者の民事法上の債務不履行の責任を追及すればよいであろう。しかし、法が経済生活の民主化を実現するために、組合活動に対して保護政策を採り、罷業や怠業を合法性の枠の中に取り入れている以上、そのようにして労働関係における利害の対立を解決してはならないことは、いうまでもない。さればといって、労働組合が争議行為という伝家の宝刀をさかんにふりまわすことをそのままに放置するのは、法秩序の防壁の内部に闘争と混乱とをもち込ませるゆえんにほかならない。そこで、法は、争議行為をば組合活動の最後の一環として認めながらも、使用者に対する労働者の団体交渉が、そこにまで到達する前に、両者の歩みよりによって解決されることを強く要望する。そのために、中立的な立場に立つ労働委員会を設け、労働委員会を中心とする斡旋や調停や仲裁によって、労働争議を妥協にみちびき、産業平和を維持することができるように、極力努力しようとする。さらに、公益性の強い事業に関しては、一定の冷却期間を設け、その期間は争議行為を行うことができないものと定める。わが国では、労働組合法や労働基準法とともに労働関係調整法が制定されて、このような労働争議調節の筋道を明らかにしている。社会生活の内部に起る対立や闘争の関係を、正規の裁判手つづきによって裁決するかわりに、第三者の調停を媒介として妥協にみちびこうとしている点では、労働関係調整法のこの態度は、家事審判法のそれと共通するものをもっているといってよいであろう。(1)

労働者が団結の力と団体交渉の手段とによって地位の向上をはかることを、法的に正当と認めた以上、交渉決裂の場合に争議行為に訴えることも、同時に正当と認められているのでなければならない。しかしながら、この原則は、決して無制限のものではあり得ない。争議行為は、労働者の側から見ればいかに正当な要求にもとづくものであっても、その事業そのものにとっての打撃であることはもとより、社会経済の全体に対して直接・間接の脅威を与える。それが公益事業の関係について行われる場合には、その脅威はとくに大きい。故に、労働関係調整法は、公益事業の関係当事者が労働争議を行う場合には、労働委員会に対する調停の申請や請求がなされてから三〇日を経過したのちでなければ、争議行為に訴えることはできないものと定めた（第三七条）。ここにいう争議行為は、労働者側がその要求貫徹のために行う罷業や怠業ばかりでなく、経営者側がそれに対抗するために行う作業所閉鎖をも含んでいる（第七条）。しかし、この条項の主として適用される場合が、労働者側からの争議行為についてであることは、いうまでもない。労働組合がこの冷却期間を無視して争議行為を行えば、組合の代表者は一万円以下の罰金刑に処せられる（第三九条）。すなわち、法は、労働争議に対して原則的には合法性の認証を与えながらも、事業の性質によってはそれに制限を加え、制限を越えた争議行為をば「不法」の事実として処断するという方針を採っているのである。

これは、公益事業に関する労働争議の制限であるが、国家の公務員の職責は、民間の交通機関や電気事業などの従業員のそれにくらべて、さらに公益性の程度が高い。そこで、労働関係調整法は、警察官吏・消防職員・監獄の勤務者、および現業以外の公務員に対しては、最初から争議行為をなし得ないものと規定した（第三八条）。この禁止規定に違反した者は、同じく第三九条によって処罰せられるのである。この公務員の争議行為の禁止は、さらに国家公務員法の改正によってひろく一般に拡大され、非現業の官庁職員ばかりでなく、現業官庁の労働者も、「使用者としての公衆」に対して罷業や怠業的行為をなしてはならないこととなった（国家公務員法第九六条第五号）。労働争議に対する合法性の枠は、それだけせばめられ、争議行為を「不法」として排斥し得る場合は、それだけ拡大されたことになる。

そればかりではない。今日の日本のように、敗戦の虚脱と廃墟とから経済的に立ち直ろうとする緊急の必要に迫られている場合には、一般の民間事業の労働争議といえども、野放しに許容されてよいものかどうかは、はなはだ疑問であるといわなければならない。もとより、民間事業の従業員が無暗に争議行為をくりかえして、いやが上にも賃金値上げを迫るならば、ついには事業そのものが立ち行かなくなることは、明らかである。それは、一時の待遇改善と引きかえに、失業という大きなマイナスを選ぶゆえんにほかならないであろう。さらに、一般的にそのような労働攻勢を激化させて行けば、生産は低下し、産業は萎縮して、インフレエションを昂進させる。その結果として、賃金水準を上げても上げても追いつき得ない物価昂騰と、そこから来る生活苦とに追いこまれることになるであろう。だから、労働組合が良識をもって行動しているかぎり、合法的として認められている争議行為にも、自らに限界があるべきはずなのである。けれども、労働攻勢の背後に矯激な政治イデオロギイがあって、そのような「良識」による行動は、現在の資本主義経済秩序を温存させるのに役立つだけであると説き、現に、生活権の保障となり得ないほどの賃金で労働に従事している人々をたきつけるならば、「良識」の限度を越えた闘争が行われることは必定である。これに対して、法が、そのような闘争によって単に現存の秩序が破壊されるばかりでなく、国民生活そのものの立ち直りも不可能ならしめられると判断するならば、さらに争議行為に対する制限を強化するという方向にすすまざるを得ないであろう。これに対して、そのような制限の強化は、労働者の一方的な犠牲において経済の再建をはかろうとする「反動的」な政策であるという主張が行われ、それが労働攻勢の火の手をあおることともなれば、闘争を限界づけようとする法と、法の限界をふみ破ろうとする行動との、虚々実々の抗争が展開されることをまぬかれないであろう。そこまで行けば、この抗争は、単なる法と経済的事実とのずれの範囲を越えて、法と政治的事実との対立という一般的な観点から考察されなければならないこととなって来る。

（1）労働問題の性質と裁判所の機能とを考えあわせて見ると、後者が前者を取りあつかうのに適さない二つの主要な点が目につく。第一に、労働問題の解決は常に急を要する。それは、労働者にとっては、日々の生活のさしせまった問題であり、社会全体にとっては、経済活動の一部分が停止せられるという脅威を意味する。しかるに、裁判は、慎重な手つづきを経て行われるために、相当に永い期間継続するということにならざるを得ない。その意味で、労働争議を裁判で解決することは、不適当である。第二に、労働問題は、個人と個人との関係ではなくて、たとえば会社側とその従業員全員というような集団的な対立となってあらわれる。これに反して、裁判制度が、主として解決しようとするのは、個人対個人の権利・義務の関係であり、個人の責任に帰せらるべき犯罪の有無と刑罰の量定である。その意味でも、裁判制度は、性格上労働争議の裁定に当るに適さない。そこに、労働問題という形で発生する経済的利害の対立を調整するために、労働委員会の活動を中心とする調停または仲裁という裁判外の制度に重点が置かれるようになった理由がある。吾妻光俊教授・労働法の基本問題、一八五頁以下。

第四章　法と政治的事実

一　政治における不寛容の体系

　法は政治と不可分に関係する。或る国、或る時代の政治が或る一定の方向にむけられると、その政治動向の根本の方針を明らかにするための憲法が作られ、その憲法の下に、さらにさまざまな具体的の政治目的にしたがう法令が制定される。人間社会の内面的な道徳秩序や経済慣行といえども、それが一元的な国法秩序の中に取り入れられる場合には、かならず直接・間接にその国の政治の基本的動向の影響を受ける。かくて、政治は法の内容を決定する。それと同時に、法は、法の内容を決定しているところの政治目的の達成を容易ならしめるために、その政治目的を阻害するような行為を抑制し、禁止し、処罰する。いいかえると、法は、政治活動の筋道を明らかにすることによって、政治において何が合法的であるかを決定する分界線を引く。

　法によって、或る政治社会の内部に何が合法的な政治であるかを決める分界線が引かれると、その分界線から逸脱する事実行為は、違法となり、不法となる。これらの違法または不法の事実行為は、かならずしもすべて政治的な意味をもつとはかぎらない。けれども、それらの事実行為が、法を牙城とする支配的な政治動向に対抗し、これを倒壊せしめようとする統一的・計画的な目的によって指導されている場合には、それは、明らかに一連の政治的な意味をもつ事実行為である。かような反対の政治動向が強化されて来れば来るほど、その攻撃を受けている既存の支配勢力は、ますます法の防壁を固めて、これを阻止し、抑圧しようとする。かくて、合法の政治と非合法の政治とがはっきりと対立して来る。それは、一方からいえば、政治と政治との対立であるが、他方からいえば、法と政治との対立であり、法と、非合法の政治的事実との衝突である。法と事実との間には、これまで考察して来たような多面・多角のずれや対立が生ずるが、その中でも、最も尖鋭化した形態にまで発展し易いものは、かくして生ずる法と政治的事実との間の対立である。

ところで、法が多様な政治の動きに対して、どこに合法・非合法をわかつ線を引くかは、法の根柢にある基本的な政治原理の如何によって、著しくことなる。すなわち、法の根柢にある政治原理が寛容であればあるだけ、現実の政治活動に対して引かれる合法性の分界線は、それだけひろく拡大される。これに反して、法が不寛容の政治の城塞として構築されている場合には、この線の劃する合法的政治活動の範囲は、それだけ狭く限定される。それと同時に、政治に対して寛容な法は、よしんば、それによって引かれた合法性の枠を越える政治活動がなされても、これに対してできるだけ温和な態度でのぞもうとする。(1) 逆に、合法的政治活動の限界を狭く劃そうとする法は、この限界をふみ破る政治に対して、峻厳な刑罰をもってのぞむこととなるかたむきが強い。

自己の立場にそむこうとする政治動向に対して、合法性の枠をきわめてせまく劃すると同時に、非合法の政治的事実に対して強い弾圧の方針をもってのぞむ態度は、専制主義によって代表される。

専制主義は、その下で行われる「合法」の政治の内容が、はたしてどのようなものであるかを深く問わない。そこでは、人民に対して施される仁政も、もとより合法であり得るが、それが実質上はなはだしい虐政・暴政である場合にも、その政治はなおかつ合法であり得る。なぜならば、専制主義の場合には、すべての政治は、特定・単一の人――専制君主――の意志によって決定されることを建前としている。したがって、いやしくも専制君主の意志によって行われる政治であるかぎり、仁政も合法であるが、虐政・暴政もまた合法である。何人もそれをあげつらうことはできないし、まして、何人もそれに反抗することは許されない。よしんば、どのように仁政を行おうとする宰相があったとしても、専制君主がそれによって租税収入の減少することを嫌い、または、それを、自分の地位を狙うための人心収攬の策であると邪推するならば、その宰相はたちまちにして退けられ、もしくは、流刑・死罪にさえ処せられるであろう。そこでは、万事が専制君主の意志によって決定される。したがって、専制君主の意志に出でるものであるかぎり、朝令暮改の政治もまた合法である。これに反して、専制君主の意志にさからう行動は、事の是非善悪にかかわらず非合法であり、不法であり、「お手討ち」を甘受せざるを得ない犯罪である。専制君主の支配秩序を守るためには、それをいささかたりとも破る行為に対して、はりつけ、火あぶりの極刑を科してさえかえりみないところに、この種の極端な不寛容の秩序形態の特色が遺憾なくあらわれている。

しかし、すべての法がそうであるように、専制主義の法といえども、単なる厳罰主義だけでは、非合法の事実を十分に制圧することはできない。そこで、専制主義の秩序形態は、その外廓に法の鉄柵をはりめぐらすばかりでなく、その内容に、自己の立場を神聖・尊厳ならしめるための精神と意味とをたたえようとする。中でも、専制主義の立場が利用する最も有力な精神的粉飾は、宗教上の信仰である。故に、専制主義は、それによって保たれる秩序を、神の意志によるものとして意義づけ、世襲によって継承される専制君主の地位を、神の後裔として栄光あらしめる。古代未開の人間は、すべての力の背後に超人間的・超自然的な神意の働きを想像した。五穀豊饒の収穫を、トオテムの繁殖によるものとしてことほぎ、地震・洪水の災禍は、魔神の逆鱗のあらわれとして、その前におそれおののき、犠牲を供してその怒りを鎮めることにこれつとめた。同様に、専制時代には、人間の生命・財産に対して生殺与奪の絶対権をもつ政治力は、神意の表現として受け取られた。たまたま仁政が施されれば、それを神の恩寵として感謝し、虐政・暴政が加えられても、それを、人民自らの犯した罪咎に対する神の懲罰として甘受すべきものとされた。[2]このような信仰が人民の心を支配しているかぎり、専制主義の秩序は安泰であり、専制君主の支配は文字どおり神聖であり、したがって、君主の命令にそむく行動に対する法の制裁は、最高度に実効性を発揮し得たのである。

　宗教上の信仰と不可分に結びついて、専制主義の支配秩序を確立するのに役立ったもう一つの精神的な要素は、君主の英雄性に対する崇拝である。専制主義の政治形態が発達して来た時代には、どの民族でも大なり小なり中央集権を必要としていた。いいかえると、他の民族または他の種族の侵略に備え、もしくは、すすんで近隣の異種族にむかって進攻するために、指揮・命令の中心を強化する必要があった。さらにいいかえると、異質社会との闘争の必要が、社会の中枢権力を強大ならしめ、戦時における最高の武将が、戦時のみならず、平時においても政治上の支配権を独占するにいたった。国家の起源について征服説を採ると採らないとにかかわらず、専制君主制の成立が軍事上の命令権の強化と不可分に結びついていることは、何人にも異議のないところであろう。(3) いくつかの部族や種族が統合されて中央集権的な一つの国家が成立したということは、その国家の中心をなす支配的な種族が、軍事上の勝利者であったことを意味する。それは、また、その国家の中央集権を掌握した初代の君主が、種族の危機を救い、民族に勝利をもたらした英雄であったことを意味する。かような英雄が戦場のかけ引きに天晴れの勲功をあらわせば、民衆は歓呼してその凱旋を迎えるであろう。英雄に対して与えられる讃美と栄誉とは、かれを一般人から隔絶した高貴な身分にまで祭り上げるであろう。その軍事上の指導権と、凱旋将軍としての権威とは、やがて平時における君主の支配権に転化するであろう。数々の武勲と奇蹟的な戦勝とは、尾ひれのついた伝説となって語りつたえられ、君権の神性と、君系の神統性とを不可疑の信仰の的たらしめるにいたるであろう。(4) かくて、英雄は神となり、神への尊崇は英雄の子孫に対する崇敬を確保し、さらに、神聖な君主にむかってささげられる忠誠の道徳をつちかって、専制主義の支配秩序に盤石の重みを与えたのである。

専制主義の支配秩序を基礎づけたこのような諸要素は、決して単に遠い歴史の過去にだけ働いていた政治心理ではない。近代においても、国家が中央集権を急速に確立する必要に迫られれば、永く忘れられていた伝説が堆積した忘却の塵埃の底から掘り出されて、君主の偶像的権威の再建に役立たしめられる。国家が戦争を賭して勢力圏の拡大に乗り出そうとするときには、再建された君主の偶像的権威に、さらに神秘の由来と、将来の奇蹟への期待とが加重され、近代人の知性を圧倒する業々しい君権絶対主義の宣伝が行われる。明治以来の日本の天皇制は、もとよりいわゆる専制主義と同一視さるべきものではなかったけれども、ここに述べたような政治心理の著しい例証を示してあまりあるものであった。その結果、事ひとたび君命の絶対性に関するかぎり、政治的に極端な不寛容主義が採用され、非合法の政治的事実に対して仮借するところのない法的強制が加えられるにいたったことは、われわれにとってあまりにも生々しい事実であったといわなければならない。

政治上の不寛容主義は、いいかえれば、政治上の絶対主義である。政治上の絶対主義は、そこに定められた政治の筋道だけを絶対に正しいとし、それ以外の政治動向を真向微塵に排撃する。したがって、絶対に正しいとする政治の筋道を法によって確定し、その筋道を攪乱するような政治的事実に対して、絶対に許すべからざる不法の烙印を捺す。政治の世界に、かような法と不法の分界線を高々と劃する態度は、決して君主制にだけ特有の現象ではない。いや、君主制であっても、君主の地位が政治の現実から遠ざかり、君主の意志が現実の政治を左右することがないようになれば、そこに幅のひろい寛容の政治が行われる余地は、十分にあり得る。イギリスの立憲君主制の歴史は、このことを最もよく物語っている。反対に、共和制の国であっても、政治が矯激絶対主義の方向に走れば、せまくかぎられた合法の政治の中で、君主の神性化にも劣らない非合理的な民族の神話化が行われ、所定の方向にむけられた政治は、単に合法的というだけではなく、神がかり的な権威の王冠によって飾られる。それと同時に、そのイデオロギイの線から一歩でもそれた政治動向とあれば、民主主義は非難され、自由主義は追放され、はなはだしきにいたっては、反情・猜疑のおもむくところ、すべてが粛正の血まつりにあげられる。かくて、ナチスドイツの血のミトスは、第二〇世紀の白日の下にアンティ・セミティシズムの悪夢をば暴虐な現実行為としてくりひろげるにいたった。(5)

人間の自覚が高度化しているはずの現代に、かくのごとき矯激絶対主義が突発的にあらわれたのは、マルクス主義の分析の示すように、行きつまった独占資本主義の悪あがきの結果と見らるべき点もあるかも知れない。しかし、独占資本主義が最初に高度化して行ったイギリスやアメリカは、決してそのために矯激絶対主義に走ることもなかったし、資本の独占にともなう弊害をとりのぞくための措置も、それぞれ適当に講ぜられて来ている。これに反して、第二〇世紀になってから、とくに第一次世界大戦ののちになって、にわかに政治上の不寛容主義に徹底して行ったのは、ドイツやイタリイや日本のように、資本主義の発達においてやや後進的な中型国家であった。それらの国々の或るものは、第一次大戦の打撃から急速に立ちなおりつつ、さらに一挙に国際政治の上で優位を占めるために、他のものは、資源地帯や国際市場の獲得戦における立ちおくれを取りもどしつつ、それとあわせて広域的なヘゲモニイを握るために、ともに第二次の大規模な戦争の用意に乗り出した。しかるに、戦争の用意をするものは、国内体制を平時経済から戦時経済に切りかえなければならぬ。戦争の危機の切迫を宣伝しつつ、実は、まかりちがえば自分の方から戦争の端緒をつかんで、先制の利をおさめようとするものは、民主主義的な政治の多元性を排斥し、一元化した絶対主義によって戦時体制を強化しなければならぬ。ここでも、独裁的な政治組織の確立が軍事上の必要と不可分に結びついていたことは、遠い歴史の過去において、戦時の命令権と君主の絶対権とが直接に結びついていたのと、何らことなるところはない。

最近の時代にいたって矯激絶対主義に転換した国々は、それぞれ唯我独尊の排他的狂信性を露呈していたにもかかわらず、当面の民主主義国家群と対抗する必要上、互に提携して共同戦線を張った。そうして、国際秩序の脆弱点にむかって小出しの軍事行動を起しているうちに、ついに自ら招いて全面的な戦争に突入し、当初の優勢に酔っていたのもつかの間にすぎず、最後には歴史上類例のすくない大規模な、そうして惨澹たる敗北を遂げた。

これらの矯激絶対主義は、それぞれの国家の内部では、自己の立場のみを正しいとする価値意識に酔いしれて、それに楯つく政治動向をば、すべて不法もしくは犯罪として糺断《ママ》してはばからなかった。しかし、それらの国々があえて犯した武力行動や侵略戦争は、平和の維持に最高の価値を置く国際法秩序から見れば、最も恐るべき不法である。いまや、敗戦の結果として、それらの国々では、合法・非合法の主客はまさに顚倒した。戦争の指導者たちは国際法廷で戦争犯罪人として裁かれ、軍国主義者は公職や教壇から追放され、右翼絶対主義の諸団体は、ことごとく非合法団体として解散を命ぜられるにいたった。そのかわりに、たとえばわが国でいえば、戦前または戦時中に治安維持法のような弾圧法規によって重刑に処せられていた共産主義者や、それに類似する法令によって監禁されていた自由主義者は、いずれも自由の天地にむかって釈放され、あるいは政党の領袖となり、あるいは内閣の首班となった。昨日までは、絶大の権力をふるって国民に有無をいわせぬ信従を強いていた人々は、今日は絞首台の露と消え、逆に、戦争中は獅子身中の虫として指弾されていた人々が、いまや政治の上に大きな発言権をもつようになったのである。政治における合法・非合法の分界は、往々にしてかくのごとくに逆転する。政治において、何を法的に正しいとし、何を法によって排斥すべきかのけじめは、実にかくのごとくに動揺する。

（1）合法の政治を倒壊せしめようとする非合法の政治活動は、既存の法秩序の側からは重大な犯罪として糺断される。それは、いわゆる確信犯の典型的な場合である。確信をもってなされる政治犯罪は、不寛容の政治体系の中では、焚殺され、磔刑を加えられ、あるいは銃殺に処せらる。これに反して、寛容の政治体系は、政治犯の取りあつかいにおいても概して寛容である。ワイマアル憲法下の社会民主主義ドイツにおいて、ラアドブルッフの主唱の下に試みられようとした刑法の改正——ラアドブルッフ草案——が、その改正の要点の一つとして確信犯の特別処遇をかかげたことは、このことを具体的に物語るものということができよう。Vgl. Radbruch: Ueberzeugungsverbrecher. Zeitschrift für die gesamte Strafrechtswissenschaft, Bd. 44.

（2）古代社会では、神の意志が君主を通じて人民に伝えられるということは、素朴な信仰によってそのままに受け取られていたものと思われる。これに対して、ヨオロッパの中世から近世への過渡期にあらわれた君権神授の思想には、近代国家生成の第一著手として、君権を教権から独立させ、君権の背後に直接に神の栄光を光りかがやかせることによって、中央集権の基礎を確立するという政治的意味が多分に含まれていた。cf. Dunning: A History of Political Thoughts. Ancient and Mediaeval, pp. 176-181.

（3）たとえば、ロオマの王制が軍司令権から発達したものであることについて、Jhering: Geist des römischen Rechts, Bd. 1, S. 245 ff. 参照。

（4）英雄の神への転化について、Wundt: Elemente der Völkerpsychologie, S. 348 ff., S. 371 ff. 参照。

（5）Rosenberg: Der Mythus des 20. Jahrhunderts.

二　政治における寛容の体系

政治に対する不寛容の態度は、それ自身一つの政治的な態度である。ただ、この態度の政治が、その態度を法によって表明し、その意に副わぬすべての政治動向を、不法として排斥することによって、それは同時に、政治に対する法の不寛容の態度となる。しかしながら、法が非合法の政治を駆逐することに大わらわになっても、法の拠って立つ政治の根柢が崩れ落ちてしまえば、この種の法は一朝にして一片の空文と化する。そうして、昨日の不法は、今日はかえって華々しく合法の世界にはばたくようになる。わが国では、治安維持法の成立と撤廃とがそのような有為転変の運命を端的に物語ったことは、いま述べたとおりである。

この事実は、法がいかに合法性の分界線をせまく、かつ厳重に引いて、その線をふみ越えた政治的事実を処罰して見ても、或る時代の実定法によって正しいとされたものが、決していつまでも正しいわけではなく、正しくないとして排斥されたものの中に、かえって真の正しさがひそんでいる場合があることを示している。この厳然たる経験上の事実を生かして考えるならば、何が正しく、何が正しくないかのけじめは、決して一人の支配者や少数の権力者の独断にまかせて置いてよいものではないことが、はっきりとわかる。いや、よしんば社会の大多数の人々が自明の真理として信じていることでさえ、決して絶対に正しいとはかぎらないのである。かつて人々は、人間の住む場所は平盤の世界であって、太陽や月は、この不動の世界のまわりを廻りつつ、交互にこの世界を照らすのであると信じていた。コペルニクスやガリレオが地動説を提唱したとき、多くの人々はその奇矯の説をあざわらった。しかし、やがて、それをあざわらった多数者の通念があやまりで、少数の先覚者の奇矯の説が正しいことが、明らかにされるようになったのである。政治の世界にも、それと同様のことが多いであろう。多数が正しいと信ずることも、かならず正しいとはかぎらず、少数の意見の方が、かえって正しさに合致していることも、まれではないのである。そう考えるとき、その考えは、さまざまな方向をゆびさし示す政治的価値判断に対して、矯慢な不寛容の態度をとることができなくなって来る。どんな主張にも、それ相応の真理があり得ることを、謙虚に認めざるを得なくなって来る。かくて、政治に対する不寛容な態度はきびしく批判され、多元的な政治動向をおおらかに包容する寛容の態度が確立されて来る。

政治に対する寛容の態度は、人間の精神的な自由に対する尊重と深く結びついている。複雑な政治問題の分岐点において、いろいろと見解がわかれるのは、事実についての認識の深浅や、技術的な観点のちがいなど、種々の理由にもよるが、その根本にあるものは、政治的な価値観や世界観の相違である。これに対して、ただ一つの見解だけを絶対に正しいとし、他のいかなる方針をも頭ごなしに斥けるのは、その一つの見解を強制し、各人の思想や信念を無理やりにその規格の下に統一しようとすることにほかならない。そういう絶対主義は、人間から良心の自由を奪おうとするのである。政治に対する寛容の態度は、そういう方針をもってのぞむことを不当とする。人間は、すべて高貴なる精神の自由、良心の自由、信念の自由を有する。それを尊重するものは、当然に言論と批判の自由を重んじなければならぬ。すべての人間に、政治上の諸問題に対する対等の発言権を認め、各自がその信念を吐露し合うことを許し、あえてその中の一つを強要したり、他の或るものを禁圧したりしないというのは、政治に対する寛容の態度の根本の方針でなければならない。

政治上の信念の自由と言論の自由とを認めることは、単に、人間の精神的自由の尊重という根本理念に立脚する方針であるばかりではない。そこには、それと同時に、さらに現実的な利害の衡量も働いていることを見のがしてはならない。その著眼点を日本の卑近な諺を用いていいあらわすならば、「三人寄れば文殊の知慧」の妙味を発揮しようとするにある。

多様の見解の中のどれを選ぶかを、一人または少数の賢人の判断にゆだね、一般大衆はこれに唯々諾々としてしたがうという政治方式は、政治哲学における貴族主義である。プラトンの哲人支配の理論以来、この種の考え方は、いわゆる衆愚政治の反対の理想として、多くの支持者をもっている。しかし、政治哲学における貴族主義は、これを現実に移すと、絶対主義となり、独裁主義となる。しかるに、独裁者の判断は、それが間ちがっている場合にも、だれもこれを是正するものがいない。したがって、それによって生ずる失敗は、ついには取りかえしのつかないところにまで行きつく。これに反して、政治における寛容主義は、すべての人に言論の自由を許し、あらゆる立場からの批判の自由を認めることによって、考えられ得る最善の方針を探し求めて行こうと力める。

なるほど、民衆の中には、いわゆる衆愚が多いかも知れない。しかし、政治は、総理大臣の机の上の奇麗ごとではない。政治のおよぼすところは、一般民衆の苦難にみちた実生活の上にある。いかなる賢者、いかなる哲人といえども、一人の叡知をもって、大衆の生活の隅々をまで見とおし得るものではない。政治の是非善悪を身をもって体験し得る立場にあるものは、政治の対象となっているところの一般民衆である。だからこそ、一般民衆の政治に対する発言をひとしく認め、政治の方針が現実から遊離することがないようにして行かなければならない。すべての人々が政治に関与し得るようにすれば、その多数の切実な発言によって、次第に客観的に正しい社会生活を築き上げて行くことができるであろう。それは「普通人」の知性を信頼し、その間に存在するところの利害の対立を相互に牽制させつつ、政治を良識にかなった軌道に導いて行こうとする方針である。(1) 政治に対する寛容の態度の中には、このように、少数の賢者に権力を集中するよりも、できるだけ多数の人々のすこしずつの体験をあつめて政治の方向をきめて行く方が、社会生活の妥当な筋道を見出すのに適しているという、きわめて現実的な考慮が含まれている。

ところで、各人の政治的信念について寛容の態度を取り、それぞれに発言および批判の自由を認めることになれば、その間に複雑な見解の相違や意見の対立が生ずるのは、当然である。しかるに、一つの政治社会において一つの場合に決定・採用さるべき政治上の方針は、ただ一つであるべきであり、それを多様に分岐したままに放任して置くことはできない。そこで、寛容の政治は、そこに必然的に生ずる見解の多元性を、その都度単一の政治的決定にみちびくために、多数決原理を採用する。

多数の意見は、もとより全員の意見ではない。多数という以上、その反面にかならず少数の反対意見の存在を予想している。しかし、多数の見解と少数の意見とが対立している以上、そうして、二つ以上の対立する見解を同時に採用することが不可能である以上、その場合としては、少数の意見を否決し、多数の見解にしたがって政治の方針を決定するのが、穏当である。そうして、一たび政治の方針を決定した以上、少数の反対意見の人々といえども、その決定にしたがわなければならないのは、当然である。しかし、否決された少数意見の人々は、その信念を変える必要はない。それらの人々は、もしも依然として、多数決によって否決された意見が正しいと信ずるならば、その信念を重ねて自由に表明し、その立場から、多数決によって運用される政治に批判を加えるべきである。それによって、その少数意見の真実性が多くの人々によって承認されるようになれば、そうして、多数決によって遂行して見た政治方針の結果が、かならずしも最初の期待どおりには行かないことがわかれば、次の機会には、かつての少数意見が今度は多数の支持を得て、その経綸を現実に試みて見ることができるであろう。かくして、政治は、次第に万人の認める正しい真理に接近して行くであろう。[2]

政治における寛容の体系は、かような信念の上に築かれている。そうして、その具体的な運用の形態は、議会政治である。議会は、国民の多数意志が直接に物をいう場所ではない。しかし、議会の構成員は、国民の投票の多数によって選ばれている。したがって、議会の動向は、間接には国民の多数によって支持されている。しかも、議会で一国の政治方針を決定し、法律案を審議可決するのは、すべて多数決によるのである。そのようにして運用される議会政治においては、大体の政見を同じうしている人々が政党を作り、互にその信念を主張し、反対の立場を攻撃し、多数を獲得した政党が政治および立法の主導権をにぎる。けれども、いかなる多数党といえども自党の政綱だけが絶対に正しいと誇号する資格はない。それ故に、いかに絶対多数を制した政党であっても、反対の少数党の発言を封じたり、その存在を無視したりすることは、許されない。少数党といえども、多数党にむかって反省をうながし、政権を行使しつつある内閣の行動を批判することについて、あくまでも自由でなければならぬ。もしも一つの政党内閣の施策が国民を失望せしめ、少数党の批判が多数の共鳴するところとなれば、次の総選挙には、少数党が多数党に成長して、代って政局を担当することとなるであろう。それによって、政治の弾力性が保たれ、それを通じて政治の進歩が行われる。寛容の政治は、かようにして実行される。それが民主主義の政治原理であることは、改めていうまでもない。

政治における寛容の体系がこのような態度に立脚する以上、そこでは、多元的な政治動向に対する合法性の枠がきわめてひろく拡大されることは、当然である。むしろ、そこでは、あらゆる政治動向が合法的であり、いかなる政治的世界観といえども、それそのものとして非合法とは見なされることがないというのが、原則である。まさしく、それは、普遍的寛容の態度である。いいかえると、それは、合法・非合法の枠の原理的撤廃である。

もちろん、民主主義は、政治の原理であり、政治の原理であるが故に、統一と秩序を重んずる。民主主義の政治秩序を統一する方法は、前に述べた多数決である。民主主義は、多数決によって政治方針の多元性とその間の対立とに統一を与える。そうして、代表民主主義の場合でいえば、議会の多数決によって法律を制定し、それをもって政治の筋道とすると同時に、それによって国民生活を規律する。かようにして制定された法律は、もとより、多様な事実行為の中に合法性の枠を劃し、それをふみ破る政治活動を不法として取りしまる。それは、秩序と統一とを基礎とする政治の常道として、当然のことである。したがって、選挙法に違反した候補者は、検挙されるであろう。選挙運動について不法の献金を受理した政党の幹部は、不当財産調査委員会の取りしらべを受けるであろう。その意味では、民主主義の政治にも、合法・非合法の劃然たる線のあることは、いうまでもない。しかし、その場合に罰せられる合法・非合法の分界線は、政治的世界観の色分けには関係がない。選挙法に違反すれば、共産党の候補者も検挙されるであろう。不法の献金を受理すれば、民主自由党の幹部も罰せられるであろう。その点から見れば、民主主義の法秩序は、原則として政治動向の色合いに対しては中立であり、中性である。つまり、民主主義は、建前として、或る政治動向のみを正しいとしたり、他の一定の政治的世界観を非合法として排斥したりすることはない。そこに、民主主義の法秩序の根本的な寛容性がある。そこでは、いかなる政治上の立場も、合法性の枠の中での公民権を主張することができるのである。

（1） この点について、Carl Friedrich：The New Belief in the Common Man（新居格氏訳・未来の旗）は、きわめて多くの示唆を含んでいる。

（2） J. S. Mill: On Liberty は、寛容の政治体系のこの根本精神をもっともよく解説したものということができよう。

三　政治に対する寛容性の限界

民主主義の寛容性の哲学は、第二次世界大戦にいたるまでの間は、おおよそ右に述べたような建前を堅持して来た。

民主主義の重んずるものは、政治上の自由である。政治上の自由を重んずる以上、各人の政治的信念を最初からふるいにかけ、その或るものを禁圧すべきいわれのないことは、明らかである。それと同時に、民主主義の寛容性の基調をなすものは、政治的価値観に対する謙虚さである。他人の政治上の信念を尊重する者は、自己の価値観を他人に強要すべきでないことを知っている。たれしも自己の信念をつらぬく上で躊躇すべきではないが、しかし、たれしも、神ならぬ人間としてはその信念が絶対に正しいことを誇号する資格はない。故に、民主主義は、固定した価値観のみを固執する絶対主義に走るべきではないと確信している。その謙虚さは、政治哲学上の相対主義となってあらわれる。政治哲学上の相対主義の上に、あらゆる世界観や価値観の併立を認め、そのいずれを採るかを多数決にゆだね、多数決の結果に対して批判と修正とを加えつつ、次第に政治のもたらす福祉を高め、かつひろめて行こうというのが、民主主義の根本の態度にほかならない。

しかし、民主主義のこの根本の態度には、一つの脆弱点がある。それは、この態度で行くと、政治の方針を定めるものは結局において「多数」であるから、議会の多数を占めさえすれば、この態度そのものにも終止符を打つことができるという点である。

もちろん、民主主義の議会政治では、どの政党が議会の絶対多数を占めても、その政党が民主主義の政治倫理の根本方針を変えようとするものでないかぎり、それによって民主主義の態度そのものに終止符を打たれることはないはずなのである。そうであるかぎり、一たび或る政党が絶対多数を占めても、多数の所在が動くにつれて、他の政党に立法および政治の指導権をゆずりわたすという原則が否定されるおそれはない。したがって、次の総選挙で反対党が絶対多数を獲得すれば、前の多数党によって組織されていた内閣は退陣して、別の内閣ができ、別の構想にしたがって政治を指導したり、法律案を提出したりするということが行われる。かくて、或る場合には、資本主義や自由経済に比重の傾いた政治を行うこともあるし、他の場合には、社会主義の要素を強めた統制経済に政策を転換することもある。このような一進一退の自在な政策転換を行いつつ、現実の社会情勢とにらみあわせた弾力のある政治を実施して行くところに、民主主義の多元的な世界観の大きな特色がある。そうして、この特色は、多元的にならび存する各種・各様の世界観が、民主主義的な寛容性という公分母をもつかぎり、決して失われるおそれはない。

けれども、それは、その反面また、この公分母を認めない政党が絶対多数を占めた場合には、民主主義の基本体制そのものを否定してしまうという可能性があることを物語っている。この種の政党も、その勢力が微弱であって、議会の多数を制する見こみのない間は、議会政治の基本原理を否定することもできないし、それを否定するような態度を露骨には示さない。しかし、この種の政党の根本精神は絶対主義である。したがって、それは、その時々の情勢次第で右にもかたむき、左にもゆれる議会政治の相対主義を、確信のない、それ故に逼迫した国民生活の難問題を一挙に解決する力のない、生ぬるい機会主義として蔑視している。さらに、その根柢にある政治的自由の尊重を、衆愚の偏見や我執に重きを置く態度として非難している。そうして、その代りに、自分たちの提唱するただ一筋の道をすすみさえすれば、国家の危機はたちどころに救われ、民族の興隆も確実に招来され得ると約束する。これに対して、逼迫した生活に悩み、迫りきたる危機におびえ、しかも、右に左にゆれ動きつつすすむ議会政治の常道に不信の念をいだきつつある国民大衆が、魔法のようにそれらの難関を打開し得ると強く約束する言葉に、これあるのみという期待をいだくようになって来ると、この絶対主義の政党はたちまちにしてその勢力を拡張する。そうして、既成政党の勢力を圧倒して、議会の第一党にまでのし上る。かくて、この種の絶対主義政党は、それまでかくしていた牙をとぎ、爪をあらわして、国民に反省の隙や余裕を与える前に、すみやかに民主主義の議会政治そのものの料理にとりかかる。

その第一著手は、議会のもつ立法権を政府に奪い取るという仕事である。民主主義の国家組織では、法律に準拠しないで政治を行うことは許されない。しかも、法律を作る仕事は議会が担当し、法律を執行する任務は政府に帰属するものとして、政府の執行権が独裁・専断に走ることがないように工夫してある。この体制の下では、政府は、多元的な議会の動向によって絶えず掣肘されるから、思い切った施策を行うことができない。そこで、議会の多数を制した絶対主義の政党は、その多数の力をもって立法権を政府に移管する法律を作る。執行権とともに立法権を掌握した政府は、自党以外の政党の存立を禁止する法律を施行して、民主主義の多元的政治体制を破壊し、一国一党一首領の絶対不寛容主義を確立する。かくて、議会政治の寛容性は、天上天下唯我独尊の思い上った絶対主義によって巧みに逆用され、民主主義の瓢箪の中から独裁主義の駒が跳び出すのである。これは、ナチス・ドイツの絶対主義がワイマアル憲法下の議会政治を乗取るために描いた筋書であり、その筋書通りに運ばれた寛容の政治体系の崩壊の生々しい実験が示した過程にほかならない。

しかも、この転換は、それと同時に平和体制から戦争準備への切りかえを意味した。議会政治の瓢箪の中からおどり出した独裁主義の荒馬は、あらゆる宣伝と、謀略と、秘密警察とによって盲目にされ、箝口令を布かれた国民を引きずって、戦争へと驀進した。国内法の柵を破った馬車馬は、いきおいに乗じて国際法の壁をも突破し、自ら求めて大規模な戦争に突入した。そうして、自国の破滅と、世界人類の災禍とを招いた。これまた、ナチス・ドイツ、ならびに、それと歩調をあわせた国々によって実地に試みられた、あまりにも高価な世界史の体験であった。

この実験、この体験は、民主主義の性格に一つの大きな変化を生ぜしめた。第二次世界大戦の試錬を経たのちの民主主義は、政治に対する寛容性にも一つのはっきりした限度があるべきであることを知ったのである。[1] あらゆる政治的世界観に対して寛容であり、すべての政治上の信念に対して門戸を開いている議会制度は、いわば八方破れの構えをしているようなものである。八方破れであっても、そこへ入り込む者がすべて民主主義的寛容性の公分母をもっているかぎり、議会制度の大黒柱のゆらぐおそれはないであろう。しかし、いわゆる危機の時代になって来ると、この公分母そのものを否定しようとする政治的な立場があらわれて来る。それにもかかわらず、民主主義が依然として議会の門戸を八方にむかって開き、来る者は拒まずに包容しつつ、しかも、そこでの多数決に「男を女にし、女を男にすること」以外の何ごとをもなし得る万能力を与えて置くならば、民主主義それ自体を破壊しようとする力に凱歌を奏せしめる結果になる。それを防ぐためには、民主主義の寛容性に明確な一線を劃さざるを得ない。政治的世界観の多元性を前提とし、言論の自由と多数決とによって政治の方向を定めて行くという根本方式を否定する矯激絶対主義に対しては、民主主義の世界での存在権を認めないという態度を採らざるを得ない。いかなる政治上の信念にも対等の発言権を与えるという原則を修正して、この原則そのものの抹殺を目ざす政治上の信念には、最初から非合法の烙印を捺すこととならざるを得ない。

かくて、第二次世界大戦後の民主主義は、極右絶対主義を断乎として斬って棄てた。それは、この戦争が戦争であり、しかも、民主主義と極右絶対主義との死闘であったことの、当然の結果である。だから、民主主義は、これまでの国際法上の通念に大きな変革を加えて、侵略戦争を企てた国々につき、戦争の責任を個人にまでさかのぼって追及し、これを戦争犯罪人として処罰した。さらに、軍国主義を鼓吹し、極端な国家主義を宣伝した人々を、公職から追放し、その政治的活動を禁止した。そうして、そのような矯激な主義・主張に関するかぎり、言論の自由を許さず、民主主義の基礎を危うからしめるおそれのある結社には、解散を命ずるようになった。これは、あらゆる政治上の信念の等価性を認め、その間に合法・非合法の線を劃さないという民主主義の原則に対する、重大な例外である。民主主義は、民主主義の寛容性を公分母とするあらゆる政治的な立場に対して寛容であるが、その寛容性を否定する矯激絶対主義に対してまで、寛容であることはできないという態度を表明するにいたったのである。したがって、この線を越えた政治的事実は、民主主義の下でも、最初から非合法の事実として取りあつかわれる。ここに、民主主義の根本性格の変化が生じたことは、きわめて重大な現象であるといわなければならない。

（1）　民主主義の政治原理が寛容性の精神に立脚していること、しかし、右翼絶対主義がこの寛容性を巧みに利用して民主主義の覆滅をはかって以来、民主主義は、その固有の寛容性にもゆずるべからざる一線があることをはっきりと自覚したこと、この二点については、Radbruch : Le relativisme dans la philosophie du droit. Archives de philosophie du droit et de sociologie juridique, I. にまさる教典はあるまい。

四　左翼絶対主義の立場

現代の民主主義は、すべての政治上の信念に対する普遍的寛容の態度を改めて、右の極端を断って棄てた。しかし、右の極端は断って棄てても、左の方は開け放したままである。政治上の絶対主義は、右翼のみにあるのではなく、左翼にも存在する。第二次世界大戦の犠牲を払って右翼絶対主義との対決を解決した民主主義は、いまや左翼絶対主義との困難な摩擦に直面している。政治における寛容性の体系は、この問題をいかに解決して行くであろうか。

左翼絶対主義は、右翼絶対主義のように非科学的な神国思想をふりかざしたり、非合理的な第二〇世紀の神話を説いたりはしない。それどころか、左翼絶対主義には、整然たる理論があり、独自の科学性があり、何にもまして深い歴史観がある。それと同時に、それは、これらの科学性や歴史観に立脚して、永いこと資本主義の桎梏の下に圧迫されていたプロレタリアの解放の必然性を力説する。額に汗して働らく多数の労働者が、労働によって生み出された生産の利益から、わずかに明日の労働を支え得るだけの生計の資を与えられるにすぎず、その利益の大部分は、労せずしてその事業に投資しているにすぎない資本家の懐に吸収されるという制度は、だれが見ても不合理である。その不合理な制度を一挙にして撤廃する必然性を叫ぶ立場は、「各人にかれのものを」の正義観に深く訴えるものをもっている。それだけに、左翼絶対主義の政治力は、右翼絶対主義のそれとは比較にならない重圧性を具備する。したがって、右翼絶対主義が一民族・一国家の唯我独尊に偏するのに反して、左翼のそれは、国際的に横につらなり、世界的な大勢力となろうとしている。それと、これと同じく「人類普遍の原理」たることを確信する寛容性の体系との間の対決は、まさに世紀の大課題であるといわなければならない。

左翼絶対主義の立場は、いうまでもなく共産主義である。共産主義の目標は、生産手段の私有はもとより、消費財貨の私有をも廃止して、一切平等・無差別・無階級の社会を実現するにある。しかし、そのような社会が一足とびに実現するとは、いかなる共産主義の理論家といえども考えていない。共産主義が、そこへ行くための前段階として実現しようとするものは、社会主義の社会機構である。そこでは、各人がその能力に応じて働き、各人がその労働に応じて享有する。各人がその労働に応じて享有したものは、各人が生活のために用い得る消費財貨であり、そのかぎりにおいての私有財産は、そこでも明らかに認められている。のみならず、そういう段階にも一挙に到達することが困難であると見れば、共産主義は、とりあえず「重要な生産手段」を公共の管理に移し、その範囲内での社会主義を実行しようとするであろう。しかるに、その範囲内での社会主義を実行することは、その範囲外での生産手段の私有と、その私企業的経営とを認めることにほかならない。それは、つまり、そのかぎりにおいて資本主義的な生産形態の存在を許すことである。そういうことは、本来の民主主義の政治方式の下でも、十分に可能である。社会主義と資本主義との妥協を認める共産主義の立場は、それだけ多元的な政治形態を包容しているのである。そのように、現実の政治方針について多元的な選択の可能性を認めている点から見ると、本来の民主主義、とくに、議会政治を通じて社会主義の実現をはかろうとする社会民主主義と共産主義との間には、何ら本質的な相違はないともいうことができよう。

それにもかかわらず、共産主義が本来の民主主義と根本において相容れがたい政治的性格をもつのは、外形上同じような政策を認める場合にも、その政策を意義づける仕方が、前者と後者とで全く違うからである。

本来の民主主義の下では、資本主義と社会主義との間には、根本において、どちらでなければならず、どちらであってはならないという必然的な矛盾の関係は存在しない。民主主義の目ざすものは、人間の福祉をできるだけ高く、できるだけあまねく実現して行くということである。そのためには、資本主義の長所を生かすこともできるし、社会主義の要素を強化することも必要になる。資本主義が貧富の急傾斜をもたらすという弊害をもつことは、すでに実験ずみであるが、その弊害を是正する道が資本主義の打倒以外にないというのは、あまりに狭量な、非現実的な考え方である。或る事業に大きな資本を吸収し、それによって産業の興隆と生産の増加とをはかる上からいうと、利潤追求の意欲を原動力とする資本主義的生産形態の方が、有利で能率的である場合がすくなくないであろう。故に、それをそうして置いて、その資本が少数の財閥によって独占されることを防ぎ、株式の民主的な分散をはかり、労働組合の活動を活溌にして、労働者の地位が向上するようにしむけて行けば、強いて社会主義を実行しないでも、経済生活の民主化を実現することができる。しかし、また、とくに私企業の形態にして置くことが不適当なような産業があれば、それを公的に管理してもよいし、公営に移してもよいし、すすんで国有にする場合もあるであろう。それを社会主義というならば、社会主義には非常に多くの程度の差があることになる。いいかえれば、資本主義と社会主義との間には、さまざまな混合形態や中間段階が存在する。或る国・或る時代の政治方針を、その間のどの辺に指向させて行くかについては、きわめて現実的な考慮を必要とするのであって、頭ごなしの公式論で解決すべき問題ではない。そうして、その舵を取って行くものは、国民の自由な政治的意志であり、多角に対立する政治的意志の中から一つを選び出すための多数決原理である。民主主義は、この政治的自由と多数決原理とによって運用される。よしんば社会主義に多くのすぐれた点があるにしても、この自由とこの原理とを棄てて、天降りの社会主義を強行するということは、民主主義の根本精神に反する。

本来の民主主義がこのように考えるのに対して、共産主義は次のように主張するであろう。資本主義は、近代産業の発達の上に比類のない大きな役割りを演じた。しかし、それと同時に、近代的大企業形態の中で働く多数のプロレタリアを作り出した。これらのプロレタリアの提供する労働は、あらゆる経済的な価値創造の源泉である。しかるに、経済的に価値のあるあらゆるものを「商品」として取りあつかう資本主義の社会機構の中では、労働力もまた一つの商品として取り引きされる。その場合、資本家の方は、いくらでも代りの労働力を求め得るが、与えられた職場で働く以外に、明日の生計の道を見出し得ない労働者の方は、資本家のいい値で労働力を切り売りするほかはない。そこで、資本家は、労働者が明日の生産のために働くのに支障を生じない限度内での、最低の賃金で今日の労働力を買い取る。そうして、同じく、明日の労働に支障をきたさない限度内で、できるだけ多くの時間を工場で働かせる。そうすると、或る時間内の労働によって創造された価値は、支払われた賃金と差しひき勘定が零になるが、それ以上の超過労働から生み出された価値は、いわゆる「余剰価値」となって資本家の手に搾取される。そういう機構の下では、資本家の富はいやが上にも増殖するし、資本家の中でも大資本をもつ者ほど、幾何級数的に大きな利潤を吸収することができる。そうして、それが独占資本にまで発展して行くにつれて、多くの中小企業家はそれとの競争に負けてプロレタリアに顚落する。一方、大資本による大企業は、ますます多くの労働力を必要とするから、それを提供する労働者は、都市の無産階級からばかりでなく、資本主義の重圧下に悩む農村からも漁村からも、さらに海外からも、いくらでもかりあつめられて来る。かくて、少数の富裕なブルジョア層と、無限に多数のプロレタリアとの間の、截然・劃然たる階級的差別が生ずるにいたる。

共産主義の立場から見た資本主義の社会機構は、おおよそ右のようなものである。しかも、このような生産様式の上に築かれている資本主義社会は、その組織を強化し、その変革を阻止するために、法や政治や国家制度の強大な城塞をもち、かつ、それを美化し、それを尊厳ならしめるために、あらゆる哲学や道徳やその他のイデオロギイの粉飾を身にまとうようになる。しかし、そうなればなるほど、ブルジョアジイとプロレタリアアトとの階級的対立はいよいよはなはだしくなり、その間の矛盾は人間としてとうてい堪えることができないまでに深刻化する。そうして、その矛盾が、単に一国の内部だけでなく、国際的な規模をもつものにまで発展して来ると、それがはげしい階級闘争となってあらわれ、ついに革命によって資本主義社会の根本からの顚覆というところにまで到達せざるを得ない。

元来、マルクス主義の歴史観によると、経済上の生産力とか生産組織とかいうようなものは、もともと人間が作り上げたものである。したがって、或る時代の人間は、過去の世代から積み重ねられて来た生産関係によって制約された生活をすると同時に、自分たちの力でその上に絶えず新たなものをつけ加え、それを大なり小なり変容させる能力をもっている。けれども、資本主義の生産機構が高度化して来ると、それまでは人間によって動かされて来た生産力は、人間の意志から独立して作用する「物的」な力と化し、逆に人間を支配するようになる。したがって、資本主義社会では、資本家は労働力の生み出す余剰価値を搾取するという機構の下で、どこまでも利潤の追求に血まなこにならざるを得ないし、社会の各階層から徴募されて来るプロレタリアアトは、次第に同質的な横の結束を形づくって、これに対するはげしい階級闘争に駆り立てられて行く。それを阻止しようとするあらゆる努力や工夫は、結局において無駄な骨折りとなるほかはない。その意味で、資本主義の発達からプロレタリアの革命にいたる歴史の動きは、人間の意志をもってはどうすることもできない「唯物的」な生産力の発展によって規定されている。資本主義の崩壊は、かくて「必然的」である。それと同時に、人類の歴史が、プロレタリアの革命を経て、ついには階級的対立のない共産社会にむかってすすんで行くということも、また「唯物必然的」である。(1)

もちろん、資本主義の社会機構を崩壊させてプロレタリアの革命へとすすんで行く具体的な過程は、その社会の置かれた客観的な諸条件によって、かならずしも同一ではない。たとえば、帝政ロシアのように専制主義的な性格の強い社会では、資本主義をくつがえすための階級闘争は、赤裸々な暴力革命の形をとらざるを得なかった。これに反して、ブルジョア民主主義が発達している社会では、暴力革命によるまでもなく、議会の内外での果敢な闘争によって、平和な過程を経て第四階級解放の段階に到達する見こみがある。しかし、ブルジョア民主主義の社会でも、もしも資本主義勢力が自己保全の策に汲々として、澎湃たる勤労人民大衆の生活を圧迫し、その生活権を擁護しようとする切実な努力を阻止してやまないならば、そのようなブルジョア中心の「秩序」は、階級的対立のない社会の実現を目ざす「必然的」な歴史の力によって、大なり小なり過激な仕方で切り崩されて行くことをまぬかれないであろう。かように、そこへいたる道筋は、時と場合とによって一律ではないが、それらの道筋を経て社会が到達する目標は、ただ一つであり、ブルジョアジイが、それを阻み、それを喰いとめようといかにあせって見ても、所詮はそこへいたらざるを得ないという歴史の筋書は、ただ一つあるのみであって、二つとはあり得ない。

だから、暴力革命の道筋を経ない過渡的な段階において、共産主義の立場が資本主義的な勢力とならび存している場合にも、後者は前者にとって、あくまでも打倒され、克服さるべきところの敵役であるにすぎない。したがって、ブルジョア民主主義の国家機構の中で、共産主義の政党が資本主義の政党とともに議会での多数を争っていても、それは、相対主義的にどちらにも理由があるというような選択可能な対立ではない。共産主義の政党にとっては、その立場だけが「絶対」に正しいのである。正しい、正しくないというよりも、それだけが絶対に必然的な「唯一」の立場なのである。これに反して、資本主義の政党はもとよりのこと、資本主義と社会主義の中間を縫うようなどちらつかずの政党も、社会主義に資本主義の水を割りつつ、情勢の如何によっては資本主義の調合量を増加せしめたりするような日より見主義の政党も、歴史の必然性によってやがて抹殺さるべきアンティテエゼなのである。なぜならば、そのような政治勢力が残存するかぎり、階級の対立はなくならないからである。故に、共産主義の政党は、情勢の如何によっては資本主義の否定を露骨・性急に主張しはしないだろうし、社会主義に傾斜した政党にむかって「共同闘争」を申し入れることもあるであろうが、それは、要するに、共産主義を主導力とする社会変革を有利に、有効に行うための「闘争の戦術」以外の何ものでもあり得ない。いいかえるならば、戦術的に利用するだけの価値がなくなった暁には、オオルド・リベラリズムの立場に執着する小市民的良心も、唯物史観に心ひかれながら、なおかつ三分の懐疑や二分の批判を残しているインテリゲンチアも、圧倒的な社会一元化の革命力によって苦もなく押し流されてしまうところの階級的対立の残りかすにすぎないであろう。

かつて、共産主義の立場を理論づけたマルクス主義の信奉者の中の或る者は、ブルジョア民主主義の多元的な政治構造と多数決原理とを承認しても、勤労大衆の支持を受けた社会主義の政党勢力を拡大して行けば、結局は同じプロレタリアの天下に到達することができると主張した。しかし、正統マルクス主義の理論によれば、ブルジョア民主主義の寛容性の哲学を借用して、資本主義政党に対しても相対主義的な寛容性を示しつつ、議会での「多数」の動くがままに、「漸進的」に社会主義の実現にむかってすすもうとするものは、口に社会主義を唱えながら、実は魂をブルジョア陣営に売っているのである。なぜならば、ブルジョア社会の温存に狂奔する独占資本の金権政治は、単なる票数計算の上での多数決原理を意のままに動かして、そのような日より見主義の左翼政党を去勢し、それを自家薬籠中のものにしてしまうことは、火をみるより明らかだからである。それ故に、社会民主主義の理論は、レエニンによって完膚なきまでに論駁された。[2]

今日の議会勢力の一つとしての共産主義は、資本主義政党とならび存しているという点では、社会民主主義とほとんど変らない外形を備えている。しかし、あらゆる機会をとらえて行われる徹底的な闘争によって、あるいは、秩序と秩序破壊とのボオダア・ラインを縫うあらゆる戦術によって、資本主義の社会機構を混乱と崩壊とにみちびこうとしている点で、今日の共産主義政党は、議会内での多数獲得のかけ引きを主眼とする社会民主主義とは、根本の態度をことにしていると見なければならない。

見る人、説く人によって、そこに理論構成の力点の置き方に若干の相違があるにせよ、今日の共産主義の立場は、大体として右に述べたようなものであるといってよいであろう。そうであるかぎり、その立場は、世界観の多元的な併存を許しつつ、その間の帰一点を多数決原理に求める寛容性の体系とは、両立しがたい絶対主義であるといわなければならない。だからこそ、この左翼絶対主義は、寛容性の政治原理をば「ブルジョア民主主義」であるといって、執拗な攻撃の的とする。寛容性の政治原理がその寛容性の緒を引きしめて、「秩序」の保持のために必要な、やや強硬な態度を示せば、ただちにそれを「ファッショ化」であるといい、そのために「民主主義擁護」の戦線の統一を絶叫する。その場合、「民主主義」の名は、どちらもが自己の陣営の上にひるがえそうとする「錦の旗」である。しかし、民主主義が、世界観の多元性を前提とし、その間の選択を各人の自由にゆだねる態度を本質とするものである以上、ただ一つの政治方針のみを必然的であるとする絶対主義の立場が、なおかつ「真正な民主主義」であるというのは、誇号であり、僭称であることをまぬかれないであろう。さればこそ、本来の民主主義は、この左翼絶対主義の攻勢によって歩々に後退を余儀なくされる前に、何らかの強硬な態度に出なければならないと感ずる。八方破れの体制では、この絶対主義の組織力によって次第に受身の立場に追いこまれざるを得ないと知れば、左の極端に対しても何らかの積極的な措置を講ずるのやむなきにいたることを自覚する。それが、寛容性の体系の本領から見て一つの矛盾であり、政治的世界観の自由を尊重する本来の態度に対して、重大な変容を加えるゆえんであることを十分に承知しながらも。

（1）マルクスやエンゲルスによって唱えられた唯物史観は、形而上学が全盛をきわめていた第一九世紀前半のドイツ哲学を批判しつつ、経験主義的な方法によって歴史の動きに対する新たな解明を試みた。それは、「唯物史観」という名称にもかかわらず、すぐれて「人間的」な歴史観である。いいかえると、それは、人間からはなれた「物質的」な力によって歴史の動きを説明しようとするものではなくて、物質的生活のための生産に従事する「人間」の力こそ、すべての歴史の動態の原動力であることを認めているのである。そうして、それは、そのかぎりにおいては正しい歴史観である。しかし、唯物史観のこの経験主義的な歴史の解明には、一つの点で重大な例外が含まれている。すなわち、唯物史観によれば、すべての生産のための技術や生産組織は、もともと人間の作ったものであり、人間の力によって次第に変容を加えられて行くのであるが、それが或る点にまで達すると、人間によって作られた生産機構が人間から「疎外」され、人間からはなれた「物的」な力となって、人間を支配するようになる。それが、資本主義の段階であり、資本主義的生産機構の特色である。そうして、このように人間を歴史の奴隷と化するところの資本主義の社会組織は、そこから「必然的」に導き出されるプロレタリアの革命によって、はじめて全面的に克服され、その段階を経てはじめて、人間はその本来の自由を回復する、と。かように説く場合の唯物史観は、もはや経験主義的ではなくて、典型的に形而上学的な歴史観に変貌しているといわなければならない。唯物史観が必然論となり、絶対主義となり、そこから共産主義の公式論的ドグマが導き出されて来る根源は、正しくここに存する。Marx und Engels: Die deutsche Ideologie. Adoratskij's

Gesamtausgabe, 1. Abt., Bd. 5, S. 7 ff.

（2） Lenin : State and Revolution, Chap. III, 3.

五　移動する合法性の限界

政治上の絶対主義は、異質の政治動向に対して根本的に不寛容である。異質の政治動向に対して不寛容な政治的態度は、自己自身の立場のみを絶対に「正しい」とし、それに抵抗する他の一切の立場を絶対に「正しくない」とする。したがって、正しくない政治動向によって築き上げられた法秩序は、いかにそれが「法」であり、「秩序」であると称しても、やがては没落する運命にある反価値的存在であると見る。そういう見方にとっては、「悪法は法ではない」のである。法ではないところの悪法を破ることは、根本にまでさかのぼっていえば、決して不法ではないし、もとより不正ではないのである。だから、ナチス・ドイツの理論家は、個人の自由と権利とを擁護するための法秩序を守り通そうとする民主主義的な法治主義を、非真正の法治主義として蔑視し、それを崩壊させつつ登場する民族全体主義の政治的態度こそ真正の法治主義であると誇称した。(1)昭和初期の日本の矯激絶対主義は、「話せばわかる」と信じていた政党政治の指導者を五・一五の兇弾によって斃し、首相官邸や「重臣」の邸宅に積っていた白雪をば二・二六の血で染めることを、あえてはばからなかった。そうして、それらは、やがて相たずさえて自国中心主義の「新秩序」を築き上げるという野望に燃え立ち、国際社会を支配している「旧秩序」に対する突撃を開始した。

このような右翼絶対主義が、その当時の左翼絶対主義に対していかにはげしい憎悪に燃え立っていたかは、何人の記憶にもきわめて新らしい事柄である。ドイツにナチス政権が樹立されたとき、その「指導者」は共産党に対する仮借することのない弾圧を命じた。日本の政治が国粋主義や軍国主義によって踊らされるようになったとき、その政治勢力は治安維持法を制定して、転向をがえんじない共産主義者に「獄中十八年」の惨苦を味わせ、その或る人々を無惨な死に到らしめた。[2] これらの場合には、一方の絶対主義が他方のそれを一挙に圧伏させるだけの「法」を独占していたから、両者の激突は一応は問題なく前者の圧勝によって片づいた。しかし、双方の力が均衡している国では、その間の衝突は、同胞の血で血を洗う内戦として永びいた。ただに同胞の血で血を洗うばかりでなく、右翼の国は「国民戦線」に、左翼の国は「人民戦線」に義勇軍を送って、国内闘争を国際戦争の雛型たらしめた。そうして、獄中にあってその情景を想望する日本の老共産主義者をして、「遠くおもひをイベリア半島のプロレタリヤの英雄的闘争に致しつつ、こころに剣を抜いて」起って歌わしめた。[3] かくのごとき情勢が一転すれば、二つの絶対主義国家の間の屍山血河の正面衝突が起る。そのようにして起った独ソ戦の凄惨な経過を、いまここにくりかえす必要はない。また、その後間もなく民主主義国家群との戦いを開始し、その結果ついに絶対絶命の窮地に追いこまれた日本が、形ばかりの中立関係にあったソ連に講和への仲だちを依頼しようとしたことが、藁にもすがろうとする溺れる者の心理を大幅に実証したにすぎなかったことを、ここに改めていう必要もない。

第二次世界大戦の結末によって、右翼絶対主義が地球上から抹殺されたとき、多くの人々は、そこに新たな平和の基礎が確立されるものと期待した。しかし、今日の世界情勢は、その期待の根を奥深いところからゆらがせつつある。なぜならば、右翼絶対主義が壊滅したことによって、左翼絶対主義の勢力が急速に拡大された。しかるに、およそ絶対主義は、それと同調しようとしない他のあらゆる政治勢力が、ついには全く打倒されるにいたることを期待している。したがって、左翼絶対主義は、それだけを絶対とし、それのみを必然とすることを認めない本来の民主主義勢力に対して、依然としてたたかいをつづけようとする。このたたかいは、一つには名分上の考慮から、もう一つには現実上のかけ引きから、「武器を執らないたたかい」として展開される。しかし、それが絶対主義的なたたかいとして激化して行くならば、最後には、そこに神を恐れぬ激怒が血のしたたる口をあけて物すごくたけり狂うにいたるおそれがないとはいえないからである。(4)

もっとも、全人類が大戦の惨禍を骨身にしみて味ったばかりの今日、いかなる政治動向といえども、自ら求めて戦争挑発者という汚名を著ることを得策と考えるはずはない。したがって、正統民主主義の立場が、民主主義こそ諸国民の理解と協力とによって人類共栄の世界を築き上ぐべき平和の原理であると主張するのに対抗して、共産主義もまた、自ら真の民主主義であるという名乗りを上げると同時に、その立場こそ誠の平和を確立する唯一の資格をもつものであると誇号する。そうして、その立場から、逆に正統民主主義の側に、平和の妨害者という汚名と、起り得べき戦争の全責任とを負わしめようとする。

唯物史観に立脚する左翼絶対主義によれば、ますます高度化して行く独占資本主義は、市場を世界に開拓しつつ、いたるところに金融資本による経済的支配と搾取の手をのばそうとする。しかるに、いままで無自覚であった植民地や半植民地に共産主義の勢力が擡頭して来ると、金融資本の力はそこで大きな抵抗を受けることになる。資本主義の支配し得る市場はそれだけせばめられ、生産の過剰による恐慌の危険がそれだけ増大する。そうなれば、資本主義の諸国家は、共産主義勢力に対して政治的圧迫を加えると同時に、失われようとする市場を取りもどすためには、ふたたび武力を行使することもあえて辞せないという態度を取るであろう。かくて、資本主義勢力が蟠踞するかぎり、政治のファッショ化は必然的であり、戦争の危険も急速に増大する。これに反して、共産主義の革命が進展し、世界中が階級的対立のないプロレタリア一元的の社会になれば、戦争の原因が除き去られるから、真の平和が確立され、歴史に対する主導権は、人間から疎外された物的な力から、自由に行動する人間の手に取りもどされる。故に、――と左翼絶対主義は揚言する。――故に、資本主義の温存をはかろうとする国々は「侵略者」であり、これに対抗して共産主義革命を推進しようとする国家は「平和の擁護者」である。したがって、――と、本来の民主主義の陣営に属する国々の中での共産主義の指導者たちはいう。――したがって、もしもこの「平和の擁護者」が「侵略者」を撃退しつつ自国の首都に進撃して来るならば、その国の労働者はその味方としてたたかうであろう、と。[5]

かくて、世界は二つの世界に分裂する。寛容の体系に立脚する単一の政治社会であっても、その内部に左翼絶対主義の勢力が強く進出して来れば、その国家は二つの国になる。対立の様相、これよりもはげしいものはないといわなければならない。

このような情勢の下にあっては、本来の民主主義も、その政治的寛容性の左の端に何らかの防壁を設けて、この赤色攻勢に対抗せざるを得なくなって来るであろう。政治的世界観の多元性と、その中での選択の自由とを根本の原理として認める本来の民主主義も、それこそ民主主義の本質であると確信するこの原理を民主主義ではないとして非難・攻撃する左翼絶対主義に対しては、身にふりかかる火の子を払わざるを得なくなるであろう。

もちろん、そこまでさしせまった事態に当面しても、民主主義の政治体系は、政治的世界観を選択する自由を正面から抑圧しようとはしない。ただ、左翼絶対主義の闘争の手段が、一国の統一と秩序とを故意に混乱におとしいれようとしている場合には、これを断乎として阻止しなければならないと考える。しかし、左翼絶対主義の側は、これに対して、そのような秩序の混乱は共産主義の政策に同調しようとしない政治の指導勢力の頑迷さから来るものであるとして、その責めを転嫁することに力めるであろう。そうして、法の裏口にあるさまざまなぬけ穴を利用して、執拗に「合法的」な闘争をつづけようとするであろう。それればかりでなく、寛容性の政治体系が、身にふりかかる火の子をはらうために、わずかに打ちふる「秩序擁護」の楯をさえ、唯物必然的な「ファッショ化」の顕著な徴候であるとして、事ごとに非難・攻撃し、それを自己の勢力拡張のための逆宣伝に利用するであろう。本来の民主主義が、それを黙過し得ないとして、左の端の秩序の楯を強化しようとすれば、そこに次第にはっきりとした合法・非合法の一線が劃せられることにならざるを得ないであろう。そうして、その線を越える政治闘争の手段には、「不法」の烙印が捺されることになって行くであろう。

政治は統一を重んじる。政治社会には統一的な秩序がなければならない。しかるに、政治社会の統一と秩序とは、法によって守られる。それは、その政治の原理が民主主義であると共産主義であるとによって、ことなることはない。

もっとも、左翼絶対主義は、革命が完成して、最終の共産主義社会に到達すれば、国家は自然に枯死し、今日考えられているような法もなくなると予言する。しかし、その共産主義の政治原理も、国内にブルジョアジイの残党が存在し、国外に資本主義諸国家との対立をひかえている現段階においては、法的強制秩序を強化することを躊躇しないし、世界最高水準の軍備拡充の道を急いではばからない。共産主義の総本山たるソ連では、一九二六年に刑法を制定し、「刑罰のない刑法」たることをもって刑法の目標とした。マルクス主義の立場からいえば、ブルジョア社会における犯罪の大部分は、社会機構の矛盾から生れる。いいかえると、犯罪は社会の罪であって、犯罪者自身は、多くの場合むしろ社会悪の犠牲である。だから、革命によって社会組織が根本から変れば、ブルジョア社会の産物たる犯罪は、自然になくなって行くであろうし、その過渡期における犯罪者も、刑罰によらないで正常な社会人に教化して行くことができる。かくて、共産主義の刑罰理論は、人道主義的な教育刑の主張と同じような結論に到達するのである。しかし、階級的に制約された反革命的の行動に対しては、そうは行かない。それは、階級のない世界を目ざして一色にぬりつぶされて行くべき政治社会の中に、それと倶に天を戴こうとしない反動勢力をもち込むところの裏切り行為であり、獅子身中の虫である。故に、左翼絶対主義の政治社会は、すべての絶対主義の政治社会がそうであるように、政治的世界観の多元性を許さない。したがって、そこでは、反革命行為に対して秘密警察の目が光り、摘発された政治犯に対しては重い刑罰が加えられる。(6) このような体制にむかってすすもうとする左翼絶対主義の立場が、それに備えて極左辺境の守りを固めようとする寛容の体系の態度に、「ファッショ化」という非難をあびせかけるのは、おのが目にある梁木を認めずに、兄弟の目より塵をとりのぞくことを要求するにも似ているというべきであろう。

これに反して、寛容の政治体系の中では、或る政治上の信念に立脚する行動を、その政治上の信念に立脚する行動であるという理由で、不法とし、犯罪とすることはない。すくなくとも、それがこの型の政治社会での建前なのである。ただ、前に述べたように、今日の民主主義は右翼絶対主義の存在を許さない。しかし、それも、右翼絶対主義が天下を取れば、「必然的」に人間の基本的権利を弾圧し、とどのつまりは民主主義の世界秩序を破壊するにいたることが、歴史の貴重な体験によって実証されたためにほかならない。そこまでの体験を経て、はじめて右の端の「政治的自由」を斬りすてた寛容の政治体系は、そこまでの体験をくりかえすにいたらない以上、左の端の「政治的自由」を、左の端なるが故に封ずるということは、建前として容易にできないであろう。しかし、左翼絶対主義が、民主主義の政治原理のその寛容性をよいことにして、表面・裏面の政治闘争を激化させて行けば、民主主義の政治社会の秩序は土足でふみにじられることをまぬかれない。寛容の政治体系は、政治的世界観の多元性を重んずるが、それと同時に、多数決原理による多様の統一と秩序とを尊ぶ。その統一と秩序とが危殆に瀕するとなれば、秩序を守るための手段を強化せざるを得ないことは、およそ政治社会の自己保存のためからいって当然である。そうして、その秩序の壁をつき破るものが、主として左翼絶対主義の突撃行動である以上、それに備えて強化された秩序堅持のための特別措置が、「事実上」左翼絶対主義に対する防塞としての意味をもつことは、これまた当然の成り行きであるといわなければならないであろう。

かくて、寛容性の政治体系の下での合法性の限界線は、次第に移動する。

たとえば、敗戦後の日本においては、まず右翼絶対主義の戦争責任が問われ、極端な国家主義者の広汎な粛正が行われると同時に、左翼絶対主義の政治犯人の即時釈放が指令された。共産主義の政党が結成され、その方面の言論や結社に対しては、劃期的な自由が与えられた。その体制は、右を厳格に遮断するとともに、左の扉を完全に開け放すという、典型的な第二次世界大戦後の民主主義のあり方を示したのである。それとならんで、憲法は、労働者の団結権と団体交渉権とを保障し、労働運動に対する一切の弾圧政策が一掃されて、労働組合の結成が保護・促進せられた。しかし、その虚に乗じて無制限の労働攻勢が行われれば、単に日本の再建が不可能となるばかりでなく、国民生活に直接に重大な脅威を与えるであろう。そこで、間もなく国家公務員法の改正が行われ、一般に官庁勤労者の争議行為は禁止せられるにいたった。この種の争議行為の制限もしくは禁止は、事態の推移の如何によっては、国家公務員に対するだけにはとどまらなくなるであろう。それに対して、公務員法の「改悪」を攻撃し、生活権の擁護を叫んで労働法の改正に反対することは、もとより「自由」である。けれども、国会の多数決によって制定された法律は、それを破る行為を合法性の世界の外に駆逐する。そうして、それを破っても「民族の英雄」として行動することを「正しい」とする者が、主として左翼絶対主義の信奉者であるか、あるいは、そのそのかしを受けた者である以上、このようにして移動する合法性の限界線は、事実上左翼絶対主義の政治活動に次第に枠をはめた形になって行かざるを得ないであろう。

（1） Koellreutter: Deutsches Verfassungsrecht, S. 11 ff.

（2） 徳田球一、志賀義雄両氏著・獄中十八年。

（3） 河上肇博士著・自叙伝、第三巻、四三四頁。

（4） Virgil: „Furor impius intus—fremit horridus ore cruento." Zitiert von Kant: „Zum ewigen Freiden." Werke. Cassirers Ausgabe, Bd. VI. S. 443.

（5） 昭和二四年二月二二日フランス共産党トレエズ書記長の党中央委員会における声明、および、同二六日イタリイ共産党トリアッチ書記長の一新聞社に与えた回答。朝日新聞、二月二四日および二八日。

（6） 一九二六年のソ連刑法は、とくに「刑罰」という用語を避けて、「社会防衛処分」といい、その目的をば、犯罪の予防および犯罪者の改善・教化に置いている（第九条、第一項）。とくに、その第九条の第二項で、「社会防衛処分ハ人体ニ痛苦ヲ与ウルコト、人格ヲ毀損スルコト、報復又ハ懲罰スルコトヲ以テ目的トセズ」と言明しているのは、「刑罰なき刑法」を目標とする教育刑主義の宣言にほかならない。しかも、ソ連刑法は、他面においてはまた、ソヴィエト制度に反抗する最も危険な犯罪とその他の犯罪とをはっきりと区別し、前者については、「刑法ハ唯ソノ最小限度ノ社会防衛処分ヲ示セルガ故ニ裁判官ハソレヨリ軽キ社会防衛処分ニ処スルコトヲ得ズ」としているのに反して、後者については、「刑法ハ裁判官ガ定量シ得ベキ社会防衛処分ノ最大限度ヲ示スモノトス」といって、前者に対する厳罰主義の基本方針を示している（第四六条）。そうして、第五八条以下に「反革命ノ罪」に対する処分を規定し、その重きものは銃殺に処し、もしくは、「勤労民ノ敵」として永久に国外に追放すべきものとしている。一方で銃殺や永久国外追放を規定して置きながら、他方でそれを「人体ニ痛苦ヲ与ウルコト」や報復および懲罰を目的とするものでないとしているところに、ソ連刑法の二重人格的性格がある。ただし、一九四七年の刑法改正によって、死刑は廃止された。

第五章　成文法と慣習法

一　慣習法の成文法改廃力

これまで、道徳・経済・政治の各領域にわたって考察して来た法と事実との関係のうち、実際問題として最も重大であり、深刻であるのは、法と政治的事実の対立である。しかし、この対立をどう処理するかは、主として政治それ自体の問題であって、法理論の上からこれに調整を加え得る余地は、きわめてすくない。支配的な立場に立つ政治動向が、政治活動の合法性の線を或るところに引けば、その線を逸脱する政治的事実は、不法となり、犯罪を構成する。けれども、あえてその不法を犯そうとする反対の政治動向の側から見れば、正邪のけじめは全く逆転する。したがって、もしもそういう反対の政治動向が勝利を占めれば、それまで不法として排斥されていた事実が合法となり、逆に、いままでの合法が不法に転化する。そういう具合に、不倶戴天の敵対関係にある二つの政治動向の間には、公分母がない。公分母のない二つの政治的世界の間に何らかの調整の道を求めることは、政治的実践の当面する大問題であって、単なる法理論の処理し得るかぎりではない。

これに反して、道徳や経済に関して考察された法と事実との対立の多くは、それが対立であるにもかかわらず、その間に公分母をもっている。法は、法の規律にしたがわない事実の中に、尊重すべき道徳的意味や、尤も至極な経済的理由があることを知っている。ただ、それが法の規格からはずれているために、法はそれらの事実を「法外」の現象として、法の保護の外に置いているにすぎないのである。しかも、法がそれらの事実を法外の世界に拒斥している以上、いかにその中に尊重すべき道徳的意味や尤も至極な経済的必要があっても、それを正面から合法の事実と認め、それに正規の法的保護を与えることは、法の規定を破る結果になる。したがって、そこに「違法」の問題が起る。このような形式的な違法の問題を、筋道立てて解決して行くのは、まさに法理論の問題である。とくに、形式上法の保護の外に置かれている道徳上・経済上の事実は、主として慣習の形態を備えている。したがって、慣習的な道徳上・経済上の事実を、どこまで、また、どういう筋道によって合法性の枠の中に取り込むかは、慣習法の理論の重要な任務となって来る。

慣習法の理論の出発点となる問題は、慣習法が成文法を改廃する力をもつかどうか、ということである

成文法とともに慣習法を重んずる必要があることは、今日、いかなる学者も認める。単に学者が認めるばかりでない。成文法それ自身が、慣習法の重んずべきことを認めている。スウィス民法第一条が、成文法につづいて慣習法を裁判の規準たらしめ、日本の法例第二条が、法令の認める慣習、および、法令に規定のない事項に関する慣習に、法律と同一の効力を賦与しているのは、その典型的なあらわれである。この場合には、慣習は、成文法の「委任」を受けて、成文法と同等の効力をもつものと見なされているのである。しかし、それは、――「法令の認める慣習」を別としていえば、――その慣習が「法令に規定のない事項に関する」かぎりにおいてである。法令に規定のある事項については、それとことなる慣習があっても、成文法は慣習に優先する。第三章で述べたように、成文法は慣習に法令を「補充」する効力を認めてはいるが、法令を「改廃」

する力を与えてはいないのである。したがって、成文法と矛盾した慣習を、成文法を排斥して適用することは、明らかに「違法」である。つまり、成文法上は、慣習法の成文法改廃力を認める余地はない。

しかし、それにもかかわらず、実際問題としては、成文法と矛盾した慣習が次第に実効力を発揮して、それを排斥しているはずの法規の効力を押しのけてしまう場合がある。もっとも、問題となる慣習が、はたして正面から成文法規と矛盾しているかどうか、かならずしも判然としないものが多いから、ここにいう場合にはっきりあてはまる慣習法の成文法改廃力の例は、むしろ稀にしかあらわれない。多くの場合、それは、成文法を「改廃」する慣習法ではなくて、成文法を「補充」する慣習法として説明され得るし、そう説明した方が、慣習法と成文法との正面衝突にならずにすむから、無事でもある。けれども、前に述べた商法上の白紙委任状附記名株式移転の慣習のような場合になると、それが成文法を「補充」する慣習ではなくて、成文法と「衝突」する慣習であることは、蔽いかくし得ない。したがって、このような慣習を正式に有効として取りあつかうことは、明らかに法例第二条と衝突する。それにもかかわらず、実際の必要は、かような形式上の違法性に打ち勝って、判例をして、この慣習を有効なものとして認めさせるようになったのである。これは、成文法規と矛盾する慣習が、その法規を押しのけて法律同様の効力をもつにいたった実例であり、慣習法の成文法改廃力の顕著な実証として知られている。

このような現象が法の世界に起った場合、法理論はそれをどう説明するか。もしも、慣習法に対する成文法の優位を徹底して認めるならば、成文法を改廃する慣習法は、どこまでも違法であり、無効であるべきはずである。しかし、それでは、成文法と矛盾する慣習法が現に裁判所によって有効なものとして適用されているという事実は、あくまでも謎として残る。これに反して、一般に慣習法に成文法よりも強い効力を認めるならば、自己と矛盾する慣習法の存在を拒否する成文法があっても、慣習法を優先させてしまうのに躊躇する必要はない。けれども、そうなると、いかに成文法を整備しても、それによって旧い慣習を排除することができないし、それが新たな慣習によって切りくずされることも防ぎ得ない。このディレンマをどう解決するか。——そこに、慣習法の理論の困難さがある。

二　成文法主義と慣習法主義

慣習法の効力がとくに切実な問題として論議されるのは、成文法主義を建前とする国においてである。なぜならば、成文法の適用される範囲がせまく、裁判官が主として条理や先例によって裁判を行っているところでは、成文法と慣習法との衝突が起るおそれはすくない。これに反して、裁判が原則として成文法に準拠して行われる国々では、成文法規と矛盾する慣習をどう取りあつかうかについて、根本的な見解の対立が生ずるからである。

もちろん、その場合、成文法主義に徹底するならば、成文法と矛盾する慣習を最初から無視してしまっても、なんらさしつかえはないはずである。しかし、今日のいかなる成文法国といえども、最初から成文法が完備していたわけではなく、したがって、法典の編纂が企てられた時代には、それに反対して慣習法主義を主張する人々もすくなくなかった。また、それにもかかわらず成文法主義を採用した場合、のちになって、成文法の硬化性と現実生活の流動性との間に生ずる必然的なギャップのために、ふたたび成文法に対する慣習法の重要性を力説する議論が起って来ることをまぬかれなかった。そうした成文法主義と慣習法主義との対立の間を縫って、学説および立法がどういう具合に発展して来たかを概観することは、慣習法の問題を考察するための欠くべからざる前提となる。

第一九世紀のはじめ、そのころの法思想の主流をなしていた近世合理主義の自然法論と、それに立脚する成文法主義に反対して、真向から慣習法の優位をとなえたのは、ドイツの歴史法学派である。

サヴィニイによって創設された歴史法学派は、法を民族精神のあらわれと見る根本見解にもとづいて、法の主要な形態を慣習法に求めた。サヴィニイによれば、法はまず、民族生活の中に自らにして行われる習俗として形成されて来る。したがって、法の中には民族固有の特性が常にはっきりとあらわれている。それは、民族の法的信念の直接の反映であり、個人の合理的な計画によって左右され得るものではない。ところで法生活が次第に高度の発達を遂げて来ると、民族の中に、法の運用や法的知識にとくに明るい法学者の階級が分化するようになる。だから、法学が法の形成について重要な役割を演ずるようになる。法には二重の生態がある。そうして、すなわち、法は、一方では民族の生活全体の有機的な一部を成して、その中に不可分に融け込んでいると同時に、他方では、特殊の科学として法学者の反省と思索とを通じて発達する。いいかえると、法は、まず、民族の習俗および民族の信念によって創造され、次に、法学によって形成される。それは、ともに民族生活の奥深くから働く内面的な力の作用であり、そのようにして成立した法は、一般に慣習法と呼ばれる。故に、法の基本的な形態は慣習法であり、それと無関係に立法者が成文法を作って見ても、それは法として通用するだけの力はない。(1)

サヴィニイの提唱したこの慣習法優位の思想は、さらにプフタによって継承され、組織的に発展せしめられた。プフタにしたがえば、民族精神はあたかも法の底流をなす地下水のようなものであって、法はこの地下水から三つの源泉を通じて地表にあらわれる。第一の泉からは、民族精神が直接に流出して慣習法となる。これに反して、第二および第三の泉からは、民族精神は、民族の代弁者たる立法者および法学者を通じて、間接に法となってあらわれる。それが、成文法および学説法である。故に、法は、慣習法・成文法・学説法の三つの源泉を通じて汲み取られるのであるが、その中でも最も重要なものは、民族精神を直接に表現するところの慣習法である。成文法や学説法は、民族精神の間接の表現たるかぎりにおいてのみ法たることができるのであり、民族の確信から遊離してしまえば、もはや法ではない。したがって、慣習法こそすべての法の基礎をなすものと見られなければならない。(2)

このような歴史法学の慣習法優位の思想と正反対の位置を占めるものは、ヘエゲルおよびその系統に属する国家意志説、ならびに、近世自然法論に立脚する成文法万能の思想である。

ヘエゲルによれば、法の本体は意志であり、意志は自由であることを本質とする。しかるに、意志が自由であるということは、意志の無限定性を意味する。したがって、個の立場にまで限定された個別意志は、自由ではなく、それ故に法ではない。いいかえると、法たる意志は、個人の立場を越えた普遍意志でなければならない。けれども、意志が現実に自由であり、自らを法として確立し得るためには、それは何らかの「主体」の意志となる必要がある。法たる意志は、そのかぎりにおいて、自己自身を特殊の立場にまで限定する必要がある。かように、特殊の普遍者の立場にまで限定された現実の自由意志の主体は、すなわち国家である。故に、法は国家の普遍意志であり、国家の普遍意志としてのみ、その本質たる自由を実現することができる。ところで、国家は理性の現実化されたものであるから、国家の意志は、その目的を明確に自覚し、かつ、明確に自覚された目的をつらぬいて行くだけの力をもたなければならない。したがって、国家意志たる法の表現形態としては、その理性的な自覚にふさわしい成文法の形式を採用するのが建前でなければならない。いいかえると、無自覚な民族精神のあらわれであるにすぎないところの慣習法は、法としては第二義的な意味しかもたない。ヘエゲルは、このような立場から、慣習法を重要視する歴史法学の主張をば、高度の自覚の段階に達した民族の法学者階級を侮辱するものであるとして排斥した。(3)

ヘエゲルの成文法優位の思想を継承したのは、法哲学におけるかれの最も忠実な使徒たるラッソンである。ラッソンの場合にも、法は国家の意志である。ややくわしくいえば、法は国家意志が行為の一般的な規定として自己を表現したものである。したがって、本来の意味での法源は国家の意志以外にはない。いいかえると、国家が承認し、国家の力によって実現されて行く規定のほかには、法はあり得ない。(4)

もっとも、ラッソンによれば、法の形式としては国家意志というただ一つの法源があるだけであるが、法規の内容は、かならずしもすべて明示的な立法作用によって定まるわけではない。法の内容は、成文法によって規定されるばかりでなく、慣習や判例や法学者の権威ある学説というようなものとして成立して来る。けれども、慣習は、単に社会生活の慣行として行われているだけでは、まだ法にはならない。慣習が法となるためには、国家が慣習の内容を法として承認し、これに、現実の社会生活に対する支配力を賦与することが必要である。[5] すなわち、ラッソンによれば、慣習は法の内容を形成する素材としての意味をもつものではあるが、それが法の形式の中に取り入れられるためには、国家意志がそれを法として承認するという過程を経なければならない。かくて、慣習は、いわゆる法源としては第二義的なものとなり、あくまでも成文法に従属する地位に置かれることとなった。

ヘエゲル学派は、国家至上主義の立場から法の本質をば国家の普遍意志の表現としてとらえ、かつ、その表現は明確な自覚をもってなされなければならないという理由で、慣習法に対する成文法の卓越性を認めた。ところで、これとは全くちがった社会観から出発しつつ、結論において同じく成文法の優越性を主張することになったのは、近世の個人主義的自然法の思想である。

近世自由主義思潮の法的表現たる啓蒙時代の自然法論は、個人をば生れながらにして自由な存在者と認める。人間は本来の自由人であり、自由人たる人間は、その自由活動を通じて得られた財貨を自由に使用・収益する権利を有する。それは、国家の成立に先立つ自然法の原則である。しかし、単なる自然法だけでは、この原則を破って他人の権利を侵害する者があった場合、被害者は実力によってそのような侵害を排除するよりほかに方法がない。人間は、このような自然状態の不安と危険とを防ぐために、すべての人々の合意によって国家を作り、国家の法の規律に服することとした。しかし、国家ができると、今度は国家の権力の濫用によって個人の自由と権利とが不当に侵害されるおそれが生ずる。故に、法は、個々の国民の生活を規律する準則であると同時に、個人の自由と権利とを国家権力の干犯から防衛するための楯とならなければならない。それには、第一に、法を国民の自律の意志によって定立することが必要であり、第二には、権力行使の筋道を隅々まであますところなく明文をもって規定し、権力濫用の危険を明確に予防して置くことが大切である。かくて、第一九世紀のヨオロッパ大陸諸国には次第に宏壮・精密な成文法の体系が築造され、法の運用は成文の法規を通じてのみなさるべきであり、成文法に準拠せぬ権力の行使はすべて排除されなければならないという、成文法万能の思想を生むにいたった。このような考え方の下では、成文法と牴触する慣習法の存在理由の認められる余地のないことは、いうをまたない。故に、近世自然法論は、ヘエゲル哲学の国家至上主義とは全く別個の個人主義の立場に立ちながら、法の表現形式としてはあくまでも成文法をもって建前とするという点で、これと同一の傾向の淵源となった。自然法は理想法であり、成文法は理想法が現実化したものである。かくて、成文法の完足・無欠陥のドグマが成立する。法とは成文法であり、成文法以外の法は法として認められるに値しない。そういう風潮が、第一九世紀初頭以来の大陸成文法国の法観念を風靡するにいたったのである。

しかしながら、成文法は、それが立法の手つづきによって改正されないかぎり、硬化・固定して動かないのに対して、法によって規律せられる現実の社会生活は、時代とともに絶えず変化して行く。したがって、よしんば或る特定の時代の要求にきわめてよく適合した法典が制定され得たとしても、社会生活の実態の変化とともに、やがて成文法の規定だけでは規律し得ないような新たな生活関係が生じて来る。まして、いかに周到に考えぬいて制定した成文法といえども、およそ神業によるものではなく、人間の理智と意図との産物である以上、とうてい完璧を期するということはできない。或る時代の人々が、私有財産制度を自然法の実定法化であると信じても、やがてそれが労働の搾取と富の独占とのための手段として呪咀されるときが来る。そこで、私有財産制度を存続させつつ、しかもその機能が公益と矛盾することがないようにするために、所有権の概念の中に義務の要素を加味し、権利の濫用を禁止するような解釈を加える必要が生ずる。その他、細かい技術的な面でも、成文法を杓子定規に適用したのでは、社会生活の実情にそぐわない結果しかもたらさないような場合が続出する。成文法は、とうてい完足・無欠陥ではあり得ないのである。成文法が完足・無欠陥であり得ないとすれば、そこに介在する成文法規の欠缺は、法の解釈の場合に、何らかの仕方で補足され、充填されて行かなければならない。すでに、成文法万能の思想が指導的であり、いわゆる概念法学が解釈法学の王座を占めていた時代にも、成文の法規と個別の社会生活関係との間に生ずる微細なギャップは、あるいは類推解釈により、あるいは逆に反対解釈によって、適当に充填されていた。しかし、成文法規と現実生活との隔絶が、かような弥縫策ではとうてい糊塗し得ないほどに大きくなって来るにつれて、正面から成文法万能の思想を攻撃し、成文法に不備・欠陥があることを当然の前提として、裁判官による法の自由発見の必要を強調する理論が擡頭するようになった。それが、第一九世紀の末年ごろから第二〇世紀の初頭にかけて、フランスやドイツなどのような成文法国でさかんに主張され、日本にも大きな影響を与えたところの自由法論にほかならない。

ところで、自由法論の立場からいうと、成文法は固定・硬化してやがて社会の実情から疎隔するが、成文法があってもなくても、また、成文法規が時代遅れの空文・死文と化しても、社会生活の中には常に人間関係の現実の必要にかなった法があって、共同生活を秩序づけている。それが、人間の社会関係を有効に規律すべきところの「生きた法」である。裁判官は、とかくに現実から遊離しやすい成文法の杓子定規の適用をもって満足してはならない。といって、裁判官は、成文法を無視し、自己の主観的な価値判断によって裁判すべきであるというのではない。裁判官の裁判を正しく方向づけて行くべきものは、いま述べたような「生きた法」である。裁判官は、常に社会生活の実態を見きわめて、その中にひそんでいる「生きた法」を発見して行かなければならない。そのような「生きた法」は、多くの場合、不文の形態で実際に社会関係を規律しているのである。だから、それは、その実質から見てまさに慣習的に成立している法である。法解釈学は、成文法規を金科玉条とする概念法学の立場をすてて、社会学的な方法により、慣習的に行われている「生きた法」を探究して行く必要がある。そこに、法学の新しい分野としての法社会学の重要な任務がある。かようにして、慣習法は、自由法論と法社会学とを不可分の両輪とする時代の車に乗ってふたたび颯爽と登場し、すくなくとも成文法とならんでの、或る場合には成文法以上の重要な法と認められるようになった。

事ここにいたっては、成文法も、もはや旧態依然として自己完足性の牙城の中に独善の夢をむさぼっているわけには行かない。成文法の機能には明らかに限界がある。この限界を忘れて、成文法をもってすべての社会関係を規律しつくそうとすれば、法はかえって時代の流れから大きく取り残され、成文法全体の権威の失墜をまねくおそれがある。ここに気づいた成文法は、自らすんで成文法規には欠缺があり得ること、および、将来欠缺の生ずる可能性があることを承認し、そういう場合における慣習法の成文法補充作用をあらかじめ公然と認めて置くという態度をとるにいたった。スウィス民法が、裁判官に対して、法律の規定がない場合には、慣習法によって裁判すべきことを要求し、日本の法例が、法令の認めた慣習、および、法令に規定のない事柄に関する慣習は、法律と同一の効力があると規定したのは、いずれもそのような態度のあらわれである。成文法と慣習法とは、これらの立法例によって一つの劃期的な妥協点に到達したのであるということができよう。

しかし、問題はこれによって解決したのではなく、むしろ、まさにここからはじまるのである。スウィス民法第一条やわが法例第二条は、慣習法に成文法の欠陥を補充する効力を認め、成文法に固有の法的安定性の目的と、社会の実情の変化に順応しようとする法の柔軟性の要求との間の調和をはかった。これは、立法政策としてきわめて賢明な方針であったに相違ない。しかも、それにもかかわらず、慣習法の蚕食力は成文の法令に規定のある事項にまでおよんで、慣習法は成文法を補充するにとどまらず、成文法を改廃するという事実が発生するにいたったのである。成文法がここまで譲歩して、慣習法の成文法補充力を公然と認めるまでになったのに、慣習がさらにその限界を越えて、成文法を改廃する効力を発揮するにいたったということは、成文法主義の敗北であるともいえる。しかし、さればといって、成文法の社会的機能を軽視し、慣習法主義に無条件の凱歌を奏せしめることは、法的安定性の上にゆゆしい脅威を与えるであろう。法の理論は、まさにこのような場合にこそ、互に矛盾する二つの契機の間に立って、合理的な調整を試みなければならない。

それでは、従来の法理論は、この矛盾をいかに調整し、この問題をいかに解決しようとして来たであろうか。

（1） Savigny: Vom Beruf unserer Zeit für Gesetzgebung und Rechtswissenschaft, 3. Aufl., S. 5 ff.
（2） Puchta: Das Gewohnheitsrecht, 1. Bd., S. 143 ff.; 2. Bd., S. 185.
（3） Hegel: Grundlinien der Philosophie des Rechts, § 311.
（4） Lasson: System der Rechtsphilosophie, S. 412.
（5） A. a. O., S. 413 ff.

三　慣習法の理論

慣習法の問題を最初から大きく取り上げ、したがって、それについての甲論・乙駁の理論を最も組織的に展開させて来たのは、ドイツの学界である。故に、ここでは、まず、ドイツにおける慣習法の諸理論を展望し、しかるのちに、ドイツ法学の影響を大きく受けていた日本の法解釈学者が、この問題をどう取りあつかっているかをみることとしよう。

慣習法の効力についてのドイツ学界の理論は、大別して三つの類型にわけることができるであろう。その一は、許容説である。その二は、事実説である。その三は、判決法説である。

前に述べたように、ヘエゲル主義者のラッソンは、国家の意志を唯一の法源であるとした。法は国家の意志であり、国家の意志を通じてでなければ、法は成立し得ないというのである。もっとも、法の内容には慣習が含まれている場合があるが、慣習が法となるのは、国家が慣習を法として承認し、これに現実の生活関係に対する支配力を賦与したからである。いいかえれば、慣習が法の内容に取り入れられるためには、国家または立法者の許容が必要であって、この許容なしに慣習が法となることはあり得ない。チイテルマンは、この種の理論を「許容説」(Gestattungs-theorie) と名づけた。[1]

許容説は、成文法優位の思想に立脚する。したがって、成文法が明示的に慣習に法たる効力を賦与している場合には、この理論は、もとより慣習法が法であることを認める。しかし、慣習法が法となるために常に成文法の明示的の許容が必要であるということになると、明文の規定によらない慣習法の成立は、ことごとく否定されざるを得ない。それでは、事があまりに窮屈である。そこで、許容説を採用する学者は、慣習に対して与えられる許容は、かならずしも明示的になされる必要はなく、暗黙の許容であってもさしつかえないと説く。たとえば、ナヴィアスキイは、慣習法が法として行われている場合には、その慣習に法たる効力を授けている規範がなければならないと論ずる。その点で、かれは許容説を採用しているのである。ただし、ナヴィアスキイによれば、慣習に法たる効力を授ける授権規範は、明示された成文の規定であることもあり、また、他のいろいろな関係から推論され得るような暗黙の前提であってもよいというのである。[2]

しかし、こういう立場に立つ以上、明文の規定が慣習法の成立を禁止している場合に、なおかつ、そこに暗黙の許容があり、かかる暗黙の許容にもとづいて、成文法の禁止する慣習法の成立することもあると見る余地はなくなる。すなわち、許容説によれば、慣習法が正面から成文法を改廃するということは、原理的にあり得ないことになる。ナヴィアスキイがこういうはっきりした態度で慣習法の成文法改廃力を拒否しているのは、かれの主として考察した問題領域が、憲法であるためもあろう。なぜならば、憲法上の慣習に成文憲法を改廃する効力を認めるということは、私法の領域において慣習法の成文法改廃力を肯定する場合に比して、事がはるかに重大だからである。したがって、ナヴィアスキイにかぎらず、公法学者の中には、許容説を採る者が多い(3)。しかし、この理論を憲法以外の法領域に拡大するならば、私法の世界では多くの学者が当然のこととして承認している慣習法の成文法改廃力は、原理上あり得ないこととして拒否されざるを得ないであろう。その結果、慣習法によって成文法が改廃されるという現象は、理論上はあり得べからざるはずであるにもかかわらず、事実上はあり得るという、奇妙な謎として残ることとなるであろう。

そこで、許容説にかわって、慣習法の成文法改廃力をありのままの事実として認めようとする「事実説」(Faktizitätstheorie) が登場する。

事実説の特色は、成文法と慣習法とを最初から二元的な法源として取りあつかい、両者の中のいずれが優勝するかは、結局において事実の問題であると見る点にある。すなわち、歴史法学派が慣習法の法源としての価値をば特に重んじ、逆に、許容説は慣習法の効力をば成文法に従属せしめたのに対して、事実説にとっては、成文法と慣習法とは同じ比重をもつ法源として裁判の準則となる。いいかえると、成文法が法源として慣習法より高い価値をもつか、慣習法の方が成文法よりも根源的な法であるかは、原理的には定められ得ない。したがって、もしも成文法が社会の要求を十分に満足せしめているならば、裁判は成文法によって行われるであろう。反対に、社会意識が成文法からはなれ、事実上の慣行を法と認めるようになれば、裁判官は成文法の規定があるにもかかわらず、それと矛盾する慣習法によって裁判せざるを得なくなるであろう。社会の要求や民族の心理が慣習法の法たる効力を支持している以上、成文法をもって慣習法を禁止して見ても、それは徒労であり、やがて事実の力によって圧倒されてしまうほかはない。——かように見るのが、事実説の態度である。

ところで、事実説を支持することは、つまり、イェリネックにしたがって「事実の規範力」を肯定することになるであろう。イェリネックによれば、或る一つの事柄が永いあいだ社会生活の中にくりかえして行われていると、人は、それを単なる事実と認めるだけでなく、すすんでこれにしたがわなければならないという規範意識を抱くようになる。かくて、事実は規範となり、慣行は慣習法と化する。それ故に、事実の規範力は法源である。しかも、きわめて有力な法源である。成文法が慣習によって改廃されてしまうのも、事実の規範力の一つのあらわれにほかならない。——こういう考え方を明確に説いた事実説の代表者は、メッガアであろう。

メッガアは論ずる。許容説は、慣習法の拘束力をば「法律」から導き出し得るものと信じた。その立場の人々は、慣習法が法たる効力を発揮するためには、法律による明示的の、または暗黙の承認が必要であると主張した。それによって、論理上は成文法一元主義の立場が確立され得たはずなのである。すなわち、それによって、成文法のみが唯一の法源となり、慣習は、成文法の授権によってはじめて法の中に取り入れられ得るところの、法の単なる素材の一つにすぎないものとなったはずなのである。しかし、かような成文法一元主義の想定は、生活の事実と矛盾する。それは、生きた法経験と合致しない。なぜならば、現実の法経験の教えるところによれば、慣習は成文法の許容がなくても法として成立する。否、慣習は成文法よりも数倍も強い法形成の力をもつ。だから、われわれは、慣習をば最初から一つの根源的な法源の一つと認め、これを法の実定的な効力の独立の根拠として取りあつかわなければならない。かくて、事実の規範力は法源として確立されたことになる、と。[4]

メッガアの説くところは、きわめて旗幟鮮明な事実説の主張である。しかし、こういう説によるとすると、慣習法の成文法改廃力はありのままの事実として簡単に説明がつくかわりに、そういう事実上の過程を経て成立した慣習法は違法ではないか、という問題が残る。特に、成文法が明白に或る場合をかぎって慣習に法たる効力を認め、その他の場合には慣習法の適用を禁じているのに、なおかつ慣習のもつ事実力が国法秩序を蚕食して法となって行くということは、よしんばそれが何らかの仮面の下に行われているにせよ、原理的にいって一種の「法の破砕」ではないか、という疑問が残る。それ故に、モクレは、慣習法が成文法を改廃する効力を発揮するということは、小さくはあるが、正真正銘の革命であるといった。[5] 事実説を採る学者は、法秩序の合理的な解明を任務としているにもかかわらず、法秩序の中で緩徐な法の破砕が行われ、「小さな革命」がくりかえされていることを容認しようとするのであろうか。よしんば法秩序の片隅での出来ごとであるにせよ、一たび慣習法が成文法を破ることを認める以上、ナチス・ドイツの法学者が民族生活の具体的秩序を最高の法原理であるとし、ワイマアル法秩序が民族全体主義によってくつがえされるのを当然とした態度をも、是認せざるを得なくなるのではなかろうか。

このような微妙な問題の分岐点において、もう一つの打開の企図として取り上げらるべきものは、第三の「判決法説」(Richterrechtstheorie)である。

判決法説は、慣習がそれ自体としての固有の法源性を有することを認めない。その点で、判決法説は許容説と同様の立場に立つ。それでは、慣習は、いついかにして法となるのであろうか。判決法説によれば、慣習が法となるのは、裁判官が慣習によって裁判上の判決を下したときである。裁判官はもとより国家の機関である。故に、慣習が裁判官の判決を通じて法となるのは、その慣習が国家の立場から評価され、国法の内容たるに値するものとして採択されたことを意味する。かくのごとく、国家の法作用の介入、もしくは国家の法作用による採択をまって、はじめて慣習が法となると見ている点でも、判決法説は許容説と同様の態度を採っているのである。しかしながら、許容説は、慣習が法となるのは「立法者」による明示または暗黙の許容にもとづく、と説く。すなわち、成文法上明らかに慣習をもって成文法を補充するという規定のある場合、あるいは、すくなくとも暗黙にさような許容の態度が推測され得ると考えられる場合にかぎり、慣習に法たるの効力が賦与されるものと解する。これに反して、判決法説は、さような成文の規定には拘泥しない。判決法説にとっては、成文法は、慣習と同じく単なる法の素材にすぎない。それらの法の素材は、裁判官の判決を通じてのみ法となる。故に、裁判官の衡量の結果、慣習が成文法に優先して判決の中に取り上げられた場合には、その判決の内容が成文法の規定と背馳していても、さしつかえないこととなる。かように、成文法主義に反対の立場を採っている点からいえば、判決法説は事実説とともに慣習法の成文法改廃力を認めていることになる。

判決法説は、判決をば法創造の尖端と見、法作用の重点をここに置く。したがって、成文法の法としての比重を軽く取りあつかい、あるいは、成文法は、それだけではまだ誠の意味の法ではないと解する。たとえば、ビュウロオによれば、成文法はそれ自身として効力を有する法ではなく、単に将来において希望せられている法の草案にすぎない。かかる法の草案が法となるためには、裁判官の介入が必要である。裁判上の判決は、立法の作用とならんで法の創造に協力しているのである。否、裁判官の判決は、法を創造する力において、むしろ立法作用よりも強大である。したがって、裁判官がその必要があると見て、成文法の意味を改変するような判決を下したとしても、それは、やはり国家的の法決定であり、国家の強制力によって実現される法作用たることを失わない。その場合、裁判官は、自ら発見し、自ら採択した法によって行動するように、国家からの授権を受けているのである⑹。こういう立場から見るならば、慣習もまた、裁判官による法創造の一つの素材にほかならない。故に、慣習は、単なる慣習としてすでに法であるわけではなく、裁判官がこれをその判決の中に取り上げたときに、はじめて法となる。かように、判決こそ法であるとするならば、慣習を素材として創造された判決法が、成文法の規定以上に重んぜられる場合のあることは、当然であるといわなければならない。

判決法説は、判決に法の重点を置く。したがって、それは、一方では、慣習の固有の法源性を否定すると同時に、他方では、成文法も単なる一般規定としてはいまだ法ではないと見る。判決法説にとっては、成文法を索引として抽き出された判決も、慣習を素材として下された判決も、判決としては対等の比重をもつことになるのであるから、慣習を素材とする判決が、成文法の予想するそれとは違った仕方で与えられても、違法とか法の破砕とかいうような問題は起る余地がないはずなのである。しかしながら、根本の問題とされなければならないのは、判決法説の採るかような成文法軽視の態度である。成文法が時に実定性を喪失し、効力ある法でなくなる場合のあることは認めなければならないけれども、さればといって、成文法をばおしなべて誠の法ではないとし、将来に希望せられる法の単なる草案にすぎないと考えるのは、大きな行きすぎであろう。成文法の中に活社会の事実を動かす活目的が躍動しているかぎり、それは、それ自身有効な法であり、しかも、一般的な法規範として個別・具体の判決を制約する力を有する。すくなくとも国法秩序の妥当関係の段階性を認め、法律や命令は判決に対して上位の効力を有する法であるという原則を動かさぬかぎり、個別規範たる判決に成文法と背馳する慣習上の内容をもり、判決によって成文法改廃の効果を挙げようとするのは、依然として違法であり、緩徐なる法の破砕であり、「小さな革命」であることを免れないであろう。

かくのごとくに、慣習法の成文法改廃力の問題は、特にドイツの学界では永く争われて来ているが、いまだ十分な解決に到達しているものとは認められない。それでは、転じてわが国の法学者は、これについていかなる態度を採って来ているであろうか。

わが国法上は、法例第二条によって一般に慣習法の成文法補充力が認められているほか、さらに明文の規定により、慣習をもって成文法規に代えることを得るものとされている場合がすくなくない。たとえば、商事に関しては、慣習は民法の規定に優先して適用せられる――商法第一条――。これは、一般に商事について、慣習が民法という成文の法律の規定を排除し得ることを認めているのである。また、たとえば相隣地の関係等につき、民法はさまざまな規定を設けているが、それらの成文の規定とことなる慣習が存する場合には、その慣習が成文の条規を排除して法たる効力を発揮する――民法第二一七条、第二一九条、第二二八条、第二三六条、等――。ここでは、特に相隣地の関係等について、慣習に成文法を凌駕する効力が賦与せられているのである。これらは、いずれも法令の規定にもとづき、慣習法が成文法にかわって法として行われている場合であって、法例第二条と相俟って妥当な授権関係が一貫していることは、改めていうをまたない。しかも、それは同時に、わが国法上、法令の授権がなければ、慣習法をもって成文法を改廃することが禁ぜられていることを意味する。故に、もしも裁判官が、明文の授権のない事柄につき、成文法と背馳するような慣習の適用を行ったとするならば、その判決はもとより法例第二条と撞著する。それであるから、わが国法の忠実な解釈論としては、慣習は法令の許容をまってはじめて法として通用するという、許容説の立場を採るほかはない。その結果は、慣習法の成文法改廃力を否定する見解となってあらわれる。鳩山秀夫博士がその『民法総論』の中で「法例第二条ニ依レバ慣習法ガ成文法改廃ノ効力ヲ有セザルコト明ナリ」といっておられるのは、まさにこの見解を代表している[7]。

かように、わが国法の正面からの解釈論としては、当然に許容説に帰著するほかはないのであるが、それにもかかわらず、その後の民法学の趨勢は、慣習法の成文法改廃の効力を認めようとする方向にすすんで来ている。それは、いかなる理由によるのであり、いかなる理論構成にもとづいているのであろうか。

我妻栄教授によると、慣習法が法源としての効力をもつことを認める場合にも、これに対して成文法を改廃する力を与えるか、あるいは、単に成文法のない部分についての補充的効力を認めるにとどめるかは、重大な問題として争われている。しかし、社会生活が流動して行く以上、慣習法が不断に発生し、成文法をいかに完備させても、これを永久に阻止することはできないという事実は、学説の如何にかかわらず認めないわけには行かない。もちろん、慣習法の効力を否定する条文があったり、慣習法の成文法改廃力を認めない学説が有力であったりすれば、慣習法の適用は、何らかの仮面の下に裏口から徐々に行われることをまぬかれないであろう。しかし、それは、結局は形式や遅速の問題であって、慣習法が終局において成文法を改廃する目的を達することに相違はない。故に、民法の解釈にあたっては、このような慣習法の終局の効力に著眼し、慣習法によって成文法が改廃されて動くという事実を正面から直視して、これに成文法と対等の地位を与えて行くべきである、と。[8]

かように論ずる我妻教授の説は、典型的な事実説である。しかし、教授は、事実説を採用する理論上の根拠には深く触れることを避け、慣習法の本質論や法例第二条の解釈論は、ことごとくこれを法理学に譲ることとしておられる。[9] いずれにせよ、法解釈学が事実説の立場を採用すれば、成文法と矛盾する慣習法の効力は、ありのままに認められ得るが、その反面、法例第二条のような禁止規定は大なり小なり軽視または無視されることをまぬかれない。その意味で、同じく事実説に加担する穂積重遠博士は、「成文法の規定が社会生活の規範として不適当となったため社会の要求に応じて反対慣習法が発生するといふ大勢は、一片の禁止法規を以てどうして防止し得やうか」といわれる。(10)

しかしながら、穂積博士は「一片の禁止法規」といわれるけれども、いやしくも堂々たる法律の形式をもって制定された法例第二条の規定が存するにかかわらず、成文法が法令の認めない反対慣習法によって置きかえられ得るという事実を全面的に是認するためには、それだけの筋道の立った理論上の根拠を示す必要があるであろう。その点で、わが国の法解釈学者の態度は単に事実説を採るというだけであって、十分に人を納得させるだけの理由づけに欠けるものがあるといわなければならない。末弘厳太郎博士もこの点を指摘して、「国家的制定によらざる慣習法が国家的法律秩序について成り立つ解釈法学に於て法源として取扱はれているのは如何なる理由によるのであるか。此極めて重要な問題についてすら従来学者の与へている説明は極めて不満足である」といっておられる。(11)

それでは、末弘博士自身は、いかなる解決策をもってこの問題にのぞもうとせられるか。

これについて、末弘博士は、まず「国家の法」と「社会の法」とを明らかに区別する必要を力説される。この区別に立脚して見るならば、慣習法が社会の法として発生したからといって、それはまだ、その慣習法が国家の法として成立したことにはならない。故に、慣習法が社会の法として行われているという事実に著目して、国家の法を解釈する解釈法学の立場から、ただちに慣習法の法としての成立を認めようとするのは、理論の不当な飛躍を犯すものといわなければならない。それでは、社会の法たる慣習法は、どういう経路を通って国家の法となるか。末弘博士によれば、それは、国家の法が社会の法たる慣習法を「借用」することによるのである。すなわち、国家目的の立場から慣習規範を国法秩序の中に「借用」することによって、はじめて、社会的に発生した慣習法が国家の法として行われるようになるのである。ところで、この借用が明文の規定をもって行われる場合は、問題はないが、慣習を法とするという成文法上の授権がないときに、なおかつ、慣習を別の道から国法秩序の中に借用する余地があるであろうか。もしも、成文法上の授権によらないで、慣習が国家の法の部分内容として借用される道があるとするならば、それは裁判上の判決によって採用されるということ以外にはあり得ないであろう。すなわち、末弘博士によれば、法の創成は判例によっても行われ得る。しかも、判例は、当該事件にのみ適用せらるべきところの個別規範を創造するにとどまらず、同時に、同様の事件を同様に規律すべき一般規範を創造する。したがって、裁判官が或る事件を裁判する場合に、成文法規によることを不適当と考え、それと違った慣習を判決の根拠として援用したとするならば、それもまた、社会の法たる慣習法の国家法秩序への借用として意味づけられ得ることになる、と。[12]

つまり、末弘博士の理論は、慣習法を国家法の中に借用することを必要としている点では、一種の許容説であるが、その借用が判例を通じて行われ得ることを認めている点では、それに判決法説を加味したものであるということができるであろう。この見解は、慣習法の理論としては最も筋道が立っており、慣習法の成文法改廃力という困難な問題を解決するために、きわめて有力な手がかりを与えているものといってよい。

（1）Zitelmann: Gewohnheitsrecht und Irrtum. Archiv für die civilistische Praxis, 66. Bd., S. 361 f.
（2）Nawiasky: Bayerisches Verfassungsrecht, S. 341.
（3）たとえば、Laband: Das Staatsrecht des Deutschen Reiches, S. 69 f.
（4）Mezger: Der Begriff der Rechtsquelle. Archiv für die civilistische Praxis, Beilageheft zum 13. Bd. der Neuen Folge, S. 35 f.
（5）Mokre: Theorie des Gewohnheitsrechts, S. 192.
（6）Bülow: Gesetz und Richteramt, S. 10 f., S. 39f.
（7）鳩山秀夫博士・増訂改版日本民法総論、九頁。
（8）我妻栄教授・民法総則（民法講義1）、一二頁以下。
（9）同右。
（10）穂積重遠博士・改訂民法総論、四三頁。
（11）末弘厳太郎博士・解釈法学に於ける法源論について、法学協会五〇周年記念論文集、第二部、三八三頁。
（12）同右、三八九頁以下。

四　慣習が法となるための条件

以上に概観した慣習法についての諸理論を参照しつつ、成文法と衝突する慣習が、なおかつ成文法の効力を押しのけて、国家法としての効力を発揮するという現象を、法の破砕を肯定するという危路に陥ることなしに説明するためには、次の三つの問題に答えることが必要であろう。

第一は、国法秩序とは次元をことにして発生して来た慣習が、厳密な意味で法となるためには、どういう条件を備えることが必要か、という問題である。第二は、第一の条件を備えて成立した厳密な意味での慣習法は、成文法と同等の効力の段階に位するかどうか、という問題である。この第二の問題が肯定的に答えられた上で、最後に第三に問われなければならないのは、慣習法が厳密な意味で法として成立する時点はいつか、という問題である。もしも、厳密な意味での法としての慣習法が成文法と同等の効力の段階に位することが認められ、しかも、その成立の時点が、それによって改廃される成文法よりも「新らしい」ことが立証されるならば、慣習法による成文法の改廃という現象は、法論理的にも「法の破砕」ではないと断定することができるであろう。なぜならば、成文法相互の間でも、「後法は前法を廃止する」(lex posterior derogat priori) ということが、実定法上の原則として通用するからである。以下、順次これらの三点に対して検討を加えて行くこととしよう。

まず第一に、慣習法が法となるための条件を明らかにするためには、そもそも法とは何であるかを一応はっきりと決めて置かなければならない。

法とは何かという問題は、広義の法と狭義の法とに分けて考察することを必要とする。

その言葉の意味をひろく解する場合には、法とは、行為規範と強制規範の複合規範であって、しかも、それらの規範に内在する目的の力により現実の社会生活を有効に規律するものである、ということができる。すなわち、規範構造の上から見ると、法は行為規範と強制規範の複合規範である。行為規範というのは、主として社会に生活する一般人の行動を規律する規範であり、その中には、道徳・政治・経済、等の各種の目的が内在している。故に、これらの行為規範は、道徳規範であり、政治規範であり、あるいは経済規範であるが、単にそれだけでは、まだ法規範と呼ばるべき特性を備えてはおらない。しかるに、道徳規範であり、政治規範であり、あるいは経済規範であるところの行為規範は、さらに強制規範と結びつくことによって法規範となり、法の内容を形成する。強制規範は、行為規範に違反する行為がなされた場合、これに対して一定の強制を加えるべきことを規定する規範であって、その中には強制秩序維持の目的が内在している。法は、これら二つの規範形態の複合態である。したがって、法の本質は規範である。規範であるということは、法の根本の「あり方」である。しかしながら、法が単なる規範として存するにとどまり、現実の社会生活を動かすだけの力を喪失してしまっている場合には、それはもはや実在する法――実定法――ではない。法が実定法たる効力を有するのは、法に内在する目的――道徳・政治・経済、等の目的、ならびに強制秩序維持の目的――が社会生活の実情から遊離せず、したがって、現実の人間の行動を有効に規律し、規範を遵守する人々の事実行為を通じて実現されて行くことによるのである。成文法といえども、かかる実定性を失ってしまった場合には、単なる空文と化する。故に、法は、事実を動かす力を有する規範であり、その意味で、事実と深く結びついているところの規範である。

さて、法の本質を一応かように概定した上で、慣習法の法たる性格をこの標準にあてはめて見定めて行くとすると、いかなる結果が導き出され得るであろうか。

この問題を考察する場合に、まず注意して置かなければならないのは、慣習法と慣習との区別である。すでに慣習法という言葉が明示しているように、それは、慣習から成り立つ法であり、慣習を素材とする法である。このことは、一方では、慣習法が慣習と密接不可分の関係を有することを物語っている。しかし、それと同時に、他方では、慣習はかならずしも慣習法ではないことを物語っている。慣習とは、社会生活上の伝承であり、しきたりであって、最も深く人間生活の事実と結びついている。これに対して、慣習法は、共同生活における事実上の慣行を基礎としつつ、しかも、単なる事実上の慣行たるにとどまらないで、それがさらに社会生活を有効に規律する規範となったものである。しかし、それであるからといって、慣習法と慣習との差別をば単に規範と事実との相違と解するのは、正確でない。なるほど、慣習法は慣習に比してやや高度の規範性を有し、慣習は慣習法よりもいっそう事実性の色彩が濃厚であるとはいい得る。しかし、それは、要するに程度の相違であるにすぎない。慣習法も、慣習を基礎とする法である以上、もとより社会生活の事実と密接に結びついている。また、慣習は、一切の規範形態の中で最も事実に近いものではあるが、それから逸脱した事実に対しては、或る程度の反価値性を賦与する社会生活の法則であるという点で、やはり規範たることを失わない。むかし、転居の際に向う三軒両隣りに引越蕎麦を配るという慣習が行われていたときには、その慣習は、それをしないでは悪いという規範性をもって人々の行動を拘束していた。すなわち、慣習は最も事実に近い規範であり、慣習法もまた、きわめて事実に近い規範である。両者の間には、事実への近接度において或る程度の相違性が認められるにしても、これをもって両者を截然と区分することはできない。

いま述べた広義の法概念における規範構造をこの問題にあてはめて見ると、法たる資格をもたない単なる慣習と、法たる性質をもつ慣習——慣習法——との区別を一とおり明瞭に規定することができる。すなわち、一般に慣習と称せられるものは、主として社会生活のうちに自らに成立して来た行動の準則であって、その性質上おおむね行為規範に属する。挨拶の方式、食事の礼法、交際の形式、等からはじまって、道徳上の儀礼、宗教上の儀式、経済上の慣行など、社会には伝承によって成立した多くの行為規範があり、それが共同生活の秩序の原理として相当に大きな役割りを演じている。しかし、これらの行為規範としての慣習には、組織的な強制を伴わない。習俗に反する行為をなした者に対して、社会的な蔑視や反感や擯斥などがむけられることはあろうけれども、これをもって法的強制と見なすことはできない。すなわち、これらの行為規範たる慣習の大部分は、法たる性格を備えていないのである。ところが、その中の或るものが、道徳・政治・経済、等の目的から見て、または公安・秩序を維持する必要からいって、単なる行為規範の状態に放任して置くことを許さないような重要性をもつにいたると、その違反行為に対して一定の制度化した強制が加えられるようになる。いいかえると、これらの慣習的行為規範の効力が強制規範によって裏打ちされるようになって来る。慣習は、ここにいたって、はじめて明らかに法としての性格をもつこととなるのである。それが、広義の法概念に照らして見た場合の慣習法である。すなわち、法たる慣習と法でない慣習との区別は、行為規範・強制規範の複合構造を有するか否かによって、一応は見定められ得るということができよう。

しかしながら、もう一歩立ち入って考察して見ると、行為規範と強制規範とが結びついて成り立っており、したがって、ひろい意味では法と認められ得るものであっても、さらに狭い、さらに厳密な観点からいうと、それが法ではない場合がすくなくない。たとえば、かつて日本の村落共同体で行われていた村八分の掟のごときは、たしかに一つの制度化された強制規範であり、それをかような強制規範の発動の前提となっていた村の慣行と結びつけて考えるならば、それは、明らかにひろい意味では法であるに相違ない。けれども、近代的法治国家となった今日の日本のどこかに、かりにいまなお村八分の慣習が行われている部落があったにしても、それを法と見なすことはできない。なぜならば、国民共同体の統一的な全体秩序の立場からいえば、そのような私刑的な制裁は、法の発動とは見なされ得ないからである。ましていわんや、現代国家の内部に内乱を企図する秘密結社や、大規模な組織をもった暴力団があって、その内部には厳格な行為準則があり、内通や裏切りを禁ずる残酷な制裁が行われていたとしても、それらは、法でないことはもとより、それ自身一つの重大な不法または犯罪として、一括して法の制圧を受けるにいたるであろう。だから、何が法であるかを決定するためには、単なるひろい意味での法の抽象概念を標準としただけでは、実際には役に立たない。

つまり、厳密な観点からいうならば、法と法でないものとは、或る一つの社会共同体の統一的な秩序と結びつけて、はじめてはっきりと区別することができるのである。それが、せまい意味での法の概念である。ことに、今日のように、国家が統一的な社会生活圏を劃して高度の発達を遂げている場合には、超国家的な国際法規範は別として、或る規範形態が法であるかないかを判別するには、一つの特定の国家の立場からその問題を考察することが、ぜひとも必要である。なぜならば、一つの国民共同体の中には、一つの統一的な法秩序がなければならないからである。もしも、国民共同体の内部に、多元的な、統一のない、いくつもの法があって、それが互に衝突し合っているならば、それは、もはや一つの国家として存立することはできないであろう。まして、国民が各個別々に何が正しいかを判断し、自らが法と考えるところにしたがって行動することを許すならば、その国家の内部生活は無秩序の混乱状態におちいるほかはないであろう。故に、一つの国家には、単一の法定立の権威があって、その法定立の権威が直接・間接に法と定めたものが、そこでの法として行われるのである。この規準に合しないものは、いかに広義の法であり、法であることに間違いのない規範であっても、その国家においては法ではないものとして取りあつかわれる。

たとえば、或る工場で工場主の定めた就業規則が行われており、それに違反した者には減俸や罷免の制裁が科せられている場合、もしもその国家に労働基準についての法的規定がないならば、それらの就業規則は、国法が容認もしくは黙認している規範であるといってよいであろう。しかし、労働法が整備され、労働の諸条件について客観的な基準が確立されて来ると、そのように資本家が一方的に定めた、労働者の生存権を圧迫するような規定は、合法性の枠の外に追いやられるであろう。これに反して、労働組合法にもとづいて、経営者と労働者との間に取りむすばれた労働協約規範は、或る企業体の自治規範ではあるが、公然と国法の勧奨を受けて通用している規定であり、その意味で明らかに法的な規範であるといい得る。

また、たとえば、日本という統一的な国民社会にとっては、一八〇六年以来の永い歴史をもつフランス民法も、最近、フランス共和国の基本法として制定された新憲法も、法ではない。それは、フランスの法ではあるが、日本の法ではないのである。しかし、フランスの男子が日本の女子と結婚するというような場合には、日本においても、法例第一四条の規定にもとづき、夫の本国法たるフランス民法によって婚姻の効力が定められる。その際には、フランス民法の部分内容が、法例第一四条という日本の国家法の国際私法的な条項の許容を受けて、日本の国民社会の統一的な法秩序の中に摂取されているのである。

かように、人間の社会が多元的に分化するにつれて、法もまた多元的に発生し、多元的に通用することは、事実であるが、その中の或る一つの統一的な社会生活圏にとっては、その社会の法のみが法なのであって、それ以外の法は、法ではない。それ以外の法が、その社会の法となり得るためには、その社会における法定立の権威の直接・間接の作用によって、それをその社会の法として認定し、または摂取することが必要である。

政治的に統一された社会生活圏、特に国家の中に、ただ一つのみあって二つあることを許されない法定立の権威は、主権と呼ばれる。一つの国家において、主権者が法と認めたものが、その国の法であり、それ以外のものは、その国の法ではないのである。しかし、主権が君主に存するにせよ、国民に存するにせよ、主権者が常に直接に何が法として通用すべきかを決めるわけではない。専制国家ならば、君主の朝令暮改の意志が法として行われることもあるが、立憲国家だと、主権は君主にあるとされている場合にも、別に、国民を代表する立法の機関が設けられて、そこでの決定が実質上そのままに法となる。まして、国民主権の国では、主権は国民にあるといっても、各人各様の国民の意志を法とするわけには、もとより行かない。民主国家において何が法であるかを決定するものは、国民の「総意」である。したがって、そこでは、十人十色の国民の現実の意志の中から、ただ一つの国民の「総意」を定め、それを法として運用して行くために、法の定立・適用・執行の複雑な組織を設けることが必要になる。特に、代表民主主義の国では、法定立の主要機関として、議会が設置されるが、しかし、議会の多数決によって制定された法律といえども、一般的な法規範として定立されただけでは、まだ法としての完全な効力を発揮するにはいたらない。法律は、裁判所によって適用され、あるいは、行政官庁が執行することによって、はじめて実定法としての具体的な作用をいとなむことができる。その意味では、いわゆる立法部としての議会のみならず、司法機関たる裁判所も、執行機関たる行政官庁も、実定国法秩序の生産にたずさわっているのである。国家には、憲法をはじめとして、国会法とか、裁判所法とか、行政官庁法とかいうような、法の定立・適用・執行にあたる諸機関の組織を定める組織規範があって、その組織を通じて、一般国民の生活準則や、国家公務員の活動規準や、裁判に際して適用される強制規範などが生産される。故に、統一的に組織された政治社会の法は、単なる行為規範・強制規範の複合体たるにとどまらないで、組織規範・行為規範・強制規範の三重規範であるといわなければならない。

ところで、或る規範が特定の国家の法として生産されるのは、かならずしもその国家の法定立機構を通じての、内容上全く新らしい規範の「創造」を意味するとはかぎらない。

もちろん、国家の法定立機構は、特殊の目的にもとづいて全く新たな法を創造することもある。

敗戦後の日本の国民生活を民主化するために、各種の労働立法が行われたり、親族法・相続法の大幅の改正が断行されたり、資本の過度の集中を排除する法律が制定されたりしたのは、それである。これらの立法にあたっては、それぞれ先進民主主義国家の法制が「模範」として参照されたにしても、それを日本における「新らしい」規範の創造と見ることを妨げるものではない。しかし、他方また、国家の法定立機構は、多元的な社会生活の中に行われている行為規範や、外国の国法として通用している裁判準則に、その国家の法としての意味を与え、これをその国法秩序の部分内容として取り入れることもすくなくない。いわゆる自然法的な生活規範が国家の実定法としての保障を受けたり、国際私法的な規定を媒介として外国の法が自国法の内容に摂取されたりするのが、それである。いずれにせよ、国家の法定立機構が、法の目的に立脚し、条理・公平の原則を衡量し、諸般の社会事情を斟酌して、既存の規範を受容・摂取するならば、それらの規範は、それによってその国家の法として生産されたことになる。かような国家の法定立機構による既存規範の受容・摂取は、成文法を通じても行われるが、また、裁判官の下す判決を通じて行われる場合もすくなくないのである。

さて、ここでふりかえって、慣習が法となるための条件を検討して見ると、問題は次のように整理せられるであろう。

慣習は、ひろい意味で法の形態――行為規範・強制規範の重層構造――を備えていても、まだそのままでは狭い意味での法――特に一定の国家の法――にはならない。慣習は、或る国家の法定立機構によって取捨・選択を加えられ、国法秩序の中に受容・摂取せられて、はじめてその国家の法──国法の一部分内容としての慣習法──となるのである。かように、慣習を国法秩序の中に受容・摂取するには、大別して三つの仕方がある。その第一は、成文法を定立する場合に、その成文法の内容の中に具体的に既存の慣習を取り入れるという方法である。わが国の旧い民法が、古来の隠居という慣習を認めて、これをその規定の中に採り入れていたような場合が、それである。(1)その第二は、成文法をもって、一般に慣習に対して成文法を補充する効力を賦与し、あるいは、特定の事項につき成文法規に代えて慣習を適用し得ることを認めるという方法である。わが法例第二条が、法令に規定のない事項については慣習は法律と同一の効力を有する旨を規定し、あるいは、日本が朝鮮を統治していた当時、朝鮮民事令第一一条をもって、朝鮮人の親族・相続に関しては、民法によらずに慣習によるものとしていたような場合が、これに属する。最後に、その第三は、裁判官が個別の事件を裁判するとき、法の目的に鑑みて慣習を採択することを適当と認め、判決を通じてこれを国法秩序の部分内容に導き入れるという方法である。裁判官は、国家の法定立機構の最尖端にあって、法と事実の調和をはかり、国法の円滑な運用をつかさどっている。したがって、裁判官の裁量により、慣習にもとづく判決が下された場合には、明文の授権はなくても、慣習が法となるための通路がひらかれる。わが国では、成文法上婚姻は届出をまってはじめて有効に成立するのであるが、古来の慣例や社会通念からいえば、いわゆる内縁関係がすでに夫婦関係を意味する。故に、裁判所の判決を通じて、次第に内縁関係を法的に保護し、これに婚姻に近い効果を賦与するような判例が成立するにいたったのは、第三の、判決による慣習の国法秩序への受容の一例と見ることができよう。慣習は、これらの三つの道を通って国法体系の中に摂取され、そこではじめて厳密な意味での法となる。したがって、これらの通路の外にあるところの慣習は、それだけではまだ法ではなく、時には明らさまな不法でさえあり得るのである。

以上の見解は、大体としてドイツの学説にいわゆる許容説と判決法説とを併せたものであるということができる。許容説は、慣習が法としての効力を発揮するのは、主として成文法による明示的の、そうでない場合にも、すくなくとも暗黙の許容によるものと見る。また、判決法説は、成文法規の比重を軽視し、裁判の場合に裁判官が慣習に則って判決を下せば、それによって慣習を素材とする法が創造されたことになる、と説く。両者は、たしかにともに真理を含んでいる。すなわち、慣習は、許容説の説くとおり、成文法がそれに法としての効力を与えることによって法となるのであって、いま述べた、慣習を国法秩序の中に導入する第一および第二の通路——特に後者——がこれにあたる。ただし、立法者による「暗黙の許容」というようなものは、問題の困難さを回避するために法解釈学者の好んで用いる擬制の一種であって、法の理論構成の正確を期する上からは、かような擬制概念の使用は力めて避けなければならない。次に、慣習は成文法の授権によらないでも、裁判官の判決を通じて国法の内容に摂取せられ得るのであって、その点は判決法説の説くとおりである。慣習が法となるための第三の通路が、すなわちそれである。しかし、判決法説は、この第三の通路をば、慣習が法として成立するための唯一の道となし、成文法による授権を無視しようとする態度を示している。これは、成文法万能主義に対する行きすぎた反動であって、法の実態認識をば或る成心をもって歪曲しようとするものといわなければならない。成文法は、その中に内在している道徳・政治・経済・秩序、等の目的がその活力を喪失しないかぎり、一般的な規定としてまさに法なのである。これに対して、成文法をば単に将来の法に対する希望にすぎぬものとなし、法律もそのままでは法ではなく、憲法もそのままではなお法ではないというならば、国法秩序の統一は全くその支柱を失ってしまうであろう。故に、慣習が判決を通じて法となるのは、その一つの通路であって、決して唯一の通路ではない。それは、成文法の規定を通じて慣習が法と化する第一および第二の過程とならんで行われるところの、慣習の第三の法化過程であると考えられなければならない。

　これに反して、以上に要約された見解は、事実説の立場に反対する。事実説は、慣習が法となるのは事実の力によると説く。たしかに、事実上の慣行が広く世の中に行われているということは、慣習法の成立するための土台であるに相違ない。しかし、慣行が単なる慣行として世に行われているというだけでは、それはいつまで経っても或る特定の国家の法とはならない。慣行は、国家の法定立機構をつかさどる者がこれに法たる意味を賦与し、成文法または判決を通じてこれを国法秩序の中に採択することによって、はじめてその国家の法となる。慣習法は、ここにいたってはじめて成文法と同一の法秩序の内容を形成するのであって、慣習法と成文法との効力の関係は、この前提の下に立つのでなければ比較・検討を許さないのである。

　慣習は、いかなる筋道を通って法となるか、法としての慣習法はいかにして成立するかは、これで一とおり明らかになった。これによって、慣習法と成文法とは、同じ一つの国家の法として、同じ一つの秤によりその効力の比重を測定され得る状態に置かれ得たのである。そこで、考察は、慣習法は法段階上いかなる位置を占めるかという問題に移る。慣習法は成文法と同位の法であるか、あるいは下位の法であるか。もしも慣習法が成文法と同位の法であるならば、前者をもって後者を改廃することができる。これに反して、もしも慣習法が成文法より下位の法であるならば、前者によって後者を改廃することは、違法であり、法の破砕であり、「小さな革命」であるとされなければならない。それでは、慣習法と成文法との同位性はいかにして立証され得るであろうか。

（1）　成文法がその規定内容の中に慣習を取り入れる場合にも、慣習を旧慣そのままの形で成文法規として条定するのではなく、そこに何らかの価値尺度による加工・修正を加えることが多い。たとえば、わが国では、古くは隠居についての年齢上の制限も区々であり、したがって、いわゆる若隠居というようなものがあり得た。これに対して、旧民法は、隠居の制度を認めてはいたけれども、これに厳密な年齢上の制限を附し、原則として満六〇年以上でなければ隠居をなすことを得ないものと定めた（第七五二条）。すなわち、旧民法は、なお十分な活動能力を有する戸主がみだりに隠居して、楽隠居の安逸を貪ったり、あるいは、戸主が親族の何らかのためにせんとする策謀によって、若隠居となることを余儀なからしめられたりすることを防ごうとする意図をもって、旧慣たる隠居制度に加工・修正を施した上で、これを成文法の規定の内容に採択・摂取したのである。穂積陳重博士・隠居論、二三四頁以下参照。

五　慣習法の法段階上の位置

慣習が法となる過程に三つある。すなわち、一　成文法がその規定内容そのものの中に慣習を取り入れている場合、二　成文法の規定により、慣習に成文法を補充する効力が認められ、または、慣習をもって成文法と置きかえ得ることが明らかにされている場合、および、三　裁判上の判決を通じて、慣習が法関係裁定の規準として採用される場合、がそれである。

このうち、第一の場合には、成文法そのものが慣習を内容として成立する。故に、それは慣習が国法体系の中に摂取される一つの重要な通路には相違ないが、かくして成立した法は名実ともに一個の成文法であって、これを慣習法と呼ぶことは、すくなくとも一般の用語法に反する。また、仮りにこれをしも――慣習を素材とする成文法であるという理由の故に――一種の慣習法と見なすとしても、この場合には、成文法それ自体が慣習法なのであるから、成文法と慣習法との間に矛盾の生ずる余地は原則としてあり得ない。ただ、成文法が旧来の慣行そのままを法規として条定する代りに、一定の目的に立脚してこれに評価を加え、加工・修正された慣行を成文化しているような場合には、成文法の内容に採用された慣習と旧態依然たる慣習との間に矛盾の生ずる可能性がある。たとえば、かつてのわが民法が隠居の制度に満六〇歳以上という制限を加えていたのに対して、地方によって事実上六〇歳未満の戸主が隠居するというようなことが行われていたとするならば、そこに成文法と慣習との喰いちがいが認められる。しかし、さような際にも、そういう事実上の慣習は、もとより慣習法ではない。したがって、かかる旧来の慣行が判決を通じて法的効力を発揮するというところにまで行かないかぎり、成文法と慣習法との衝突は起らない。また、仮りにそういう衝突が起ったとしても、それは、成文法と、判決を通じて成立する慣習法との衝突にほかならないことになる。すなわち、第一の場合について成文法と慣習法との効力関係が問題となることがあったとしても、それは、結局第三の場合の問題に帰著する。

次に第二の場合には、成文法自らが慣習に成文法を補充すべき効力を認め、もしくは慣習をもって成文の規定を排除し得ることを明示している。したがって、ここでも成文法と慣習法との衝突の問題は起らない。たとえば、相隣地関係についての民法の規定やかつての朝鮮民事令第一一条などは、成文の規定があるにもかかわらず、これとことなる慣習により裁判をなし得ること、または、かならず慣習によって裁判をなすべきことを定めている。これは、それだけを取り出して見れば、慣習法と成文法との衝突に相違ないけれども、すでに成文法がその衝突関係につきあらかじめ慣習法の側に軍配を挙げている以上、全体として考えれば、慣習法と成文法との衝突にはならない。しかも、法例第二条が、「公ノ秩序又ハ善良ノ風俗ニ反セサル慣習」であって「法令ノ規定ニ依リテ認メタルモノ」は、法律と同一の効力を有するものと定めているのであるから、ますますもって問題の生ずる余地はない。これらの場合には、成文法は成文の規定と矛盾する慣習を法として包容し、これに成文法規に優先する効力を賦与することによって、前もってその間の矛盾を解決しているのである。

しかしながら、成文法があらかじめ或る特定の場合について慣習法に対し成文法に優先する効力を与えているのは、成文法の慣習法に対する寛大さを示すものであると同時に、それらのかぎられた場合をのぞく他の場合については、成文法の規定と背馳する慣習法の適用を拒否していることを意味する。これは、特定の場合に慣習法の適用を許容する成文法の規定につき、いわゆる反対解釈を加えることによって、明文をまたないでも導き出し得る帰結であるが、とくにわが国の民事法については、法例第二条をもって「法令ノ規定ニ依リテ認メタルモノ」および「法令ニ規定ナキ事項ニ関スルモノ」にかぎり、慣習が法律と同一の効力を有すると明示されているのであるから、その他の事項に関して慣習法の成立を禁止していることは、いよいよもって明瞭である。しかも、それにもかかわらず、慣習は最後に第三の通路を通って、すなわち、裁判官の下す判決を媒介としても法となり得る。さように、判決を通じて国法秩序の中に取り入れられた慣習法が、成文法の許容している慣習法の効力の埒外に出るものである場合には、明らさまな成文法と慣習法との衝突が起る。それは、慣習法の成立する第二の場合と第三の場合との相剋であり、言葉をかえていえば、許容説の認める慣習法成立過程と判決法説の説くそれとの間の衝突にほかならない。慣習法の成文法改廃力が問題となるのは、まさにこの場合である。そうして、許容説と判決法説とを併せて採用しようとする立場がぜひとも解決しなければならないのも、また、まさにこの問題である。それでは、この問題はそもそもいかにして解決され得るか。それはただ、判決を通じて成立した慣習法が成文法と同一の効力段階にあることを立証することによってである。故に、考察の主たる目標は、第三の場合に成立した慣習は、そもそもいかなる効力の段階に立つか、ということにむけられなければならぬ。

法秩序の段階構造を説く学者は、裁判上の判決をば行政上の処分と同じく法段階の最下位にある個別規範として取りあつかうのを常とする。すなわち、裁判判決は、個別の事件につき個別の効果を帰属せしめる最も具体的な規範であって、規範論理上の委任関係の最下端に位置する純粋の個別規範であるというのである。[1] もしも慣習法がさような純粋の個別規範たる判決として成立するのであるとすれば、それは全く一回かぎりの効力を有する規範として直接執行行為を発動せしめるにすぎず、爾後の判決をも併せ拘束するという一般的効力をもつものではないと見なさなければならないであろう。また、もしも判決を通じて法の世界に登場する慣習法が、かかる一回かぎりの効力を有するにすぎぬところの個別規範であるとするならば、それは、上級の法規範――とくに法律――に対して全く受動的な被制約関係のみに立つこととなり、慣習法によって成文法を改廃するというようなことは、規範論理上あり得べからざることといわなければならないであろう。(2) よしまた、成文法とは反対の慣習が、成文法の許容がないにもかかわらず、判決によって採用され、事実上成文法を改廃してしまったとしても、それは単に事実そうなってしまったというだけであって、法理論をもって説明すべからざる事実の規範力のあらわれである、というほかはないであろう。

この困難を打開するには、ただ二つの道のみが考えられ得る。その一つは、最初から法の段階構造を否定し、判決を成文法の制約から解放し、判決に法創造の万能力を認めるという方法である。なぜならば、判決が法創造の万能者であり、成文法は将来の判決の単なる予測であって、誠の法ではないとするならば、裁判官がいかなる慣習を判決の中に取り入れようと、その判決がいかに成文法と矛盾しようと、違法とか不法とかいう問題は起らないからである。次に、他の一つは、判決をば単なる個別規範と見なさず、判決によって個別規範とともに将来の判決を拘束すべき一般規範が創造される、と見る方法である。この道によっても、成文法と慣習法との衝突を避けることができる。なぜならば、もしもさようにして創造された一般規範が成文法と同位の価値を有するものとすれば、慣習を受容して下された判決を通じて成文法が改廃されても、それは法の破砕を意味することとはならないからである。

さきに述べたように、第一の方法を用いて問題を一挙に解決しようとしたのは、判決法説である。判決法説によれば、人間の事実生活を直接に拘束する法は、裁判官の判決となってあらわれる。故に、判決は、ただに法が社会生活の現実と触れる尖端であるばかりでなく、実は法そのものなのである。普通、人は、判決は法規範にもとづいて下されるものと考えている。いいかえると、まず法規範があって、しかるのちに、その制約の下に判決が成立するのであると信じている。しかし、判決に法の重点を置く学説からいうと、実際にはまさに順序が逆なのであって、まず判決が下されて、しかるのちに、数多くの判決の中から法規範が形成されて来るのである[3]。しかも、かくして形成された法規範は、将来において下さるべき判決の単なる草案であり、設計図であるにすぎない。かように、判決こそ躍動する法そのものであり、法規は法の草案または設計図であるにすぎないとするならば、裁判官が現実の事案を衡量した結果、草案や設計図とはことなる法を創造しても、一向に差しつかえないこととなるであろう。建築家が設計図によって建築を進めようとしても、地盤の強弱や、周囲の事情や、材料の入手関係などから、しばしば予定を変更して、現実の建築物そのものを創造して行く必要が生ずるように、裁判官も、複雑な現実の問題を審理・裁断するにあたっては、かならずしも成文法の規定に拘泥することなく、事態そのものに即応する法を発見・創造して、生きた判決を下さなければならないのである。その場合に、裁判官の判決を方向づける材料が条理であり、慣習であって、その内容が成文の規定と大なり小なり矛盾することがあっても、それは「予想された法」を「誠の法」をもって修正したこととなるにすぎないであろう。

しかしながら、かように成文法の価値を一概に軽んじ、判決のみが法の創造であって、成文法規は誠の法ではない、と断ずるのは、決して正しい法の認識ではない。成文法は、人間共同生活の目的を実現するために、国家の法定立機構を通じて条定せられた一般規範であって、法の成立をうながしたところの目的がその中に躍動しているかぎり、誠の法、有効な法として判決を拘束する。たとえば、他人に不当の損害を及ぼした者がその損害を賠償する責めに任ずるのは、人倫関係の「常則」である。これに対して、甲が不当に乙の権利を侵害した場合、甲はその損害を賠償する責任を負うというのは、この常則の「適用」である。成文法——たとえば、わが民法第七〇九条——が、かかる常則を規定し、裁判官が甲乙両当事者間の訴訟を裁いてかかる常則の適用を行った場合、どうして、後者のみが誠の法であって、前者は将来の法に対する単なる希望であり、設計図であるにすぎないと断ずることができようか。否、前者は、人間関係本然の道義性に立脚する常則であり、個別の場合について常にその実現を見つつあるところの「誠の法」である。しかも、それは、個別の判決を制約し、裁判官の恣意によって無視されることを許さない一般原則として、まさに判決よりも上位にある「高次の法」である。実定法秩序の安定性は、法規範のかくのごとき位階・序列が正しく保たれることによって、はじめて確立される。故に、法規範のこの位階秩序を無視し、すべての法を具体・個別の判決の段階にまで引き降すことによって、判決を通じて法となるところの慣習法の成文法改廃力を是認しようとする企図は、法秩序の安定性を破壊する。その意味で、判決法説の選んだような第一の道は、問題を解決する正しい方途ではあり得ない。そうであるとすれば、慣習法の成文法改廃力を根拠づけるためには、いま述べた第二の方法、すなわち、判決を通じて定立せられる法が、時と場合とによっては成文法と同位段階にある一般規範であり得る、という理論構成を採るよりほかに道はないことになる。

ところで、この第二の理論構成を試みるにあたり、あらかじめ明らかにして置かなければならない重大な事柄がある。それは、成文法は一般には法であり、しかも判決よりも上位の法として判決を拘束するけれども、さればといって、すべての成文法が常にかならずしも十全の効力をもつ法として存立しているわけではない、ということである。いいかえると、成文の法規は存在していても、その法規の効力の根拠をなす法の目的が、実生活から遊離して、人間の共同関係を現実に動かす力を喪失してしまえば、それは腐朽した法となり、したがって、判決に対する拘束力を失うにいたる、ということである。否、場合によっては、成文の規定が設けられていても、それが最初から実生活の目的に適応しないような空洞的な内容を有する法であって、現実に用いるにたえないこともあり得る。成文法体系の内部には、立法技術の不備や社会事情の変遷のために、往々にしてかかる「空洞的な法」または「腐朽した法」が生ずるのである。

さきに述べたとおり、法——せまい、厳密な意味での法——は、組織規範・行為規範・強制規範という特殊の構造を備えた規範複合態である。しかし、かような構造を備えた規範であるというのは、法の存立する「形式」であって、この形式を備えた規範が、それだけですべて、また常に、法としての実在性を有するわけではない。法には、その形式とともに、その形式の中にもられている内容がなければならぬ。それでは、法の形式の中にもられて、法に法たる生命と効力とを与えている内容は、何であろうか。

いうまでもなく、それは法の目的である。法には、道徳・政治・経済・宗教・技術・秩序、等の目的が内在していて、それが法に法たるの生命を与え、法を効力ある法――実定法――として存立せしめている。法の効力の根拠は、法に内在するところの目的である。[4] 法は、その形式の中に内在している目的が活社会の活事情に適合し、社会生活の事実関係を動かし得るだけの活力を有することによって、はじめて実定法としての効力を発揮する。故に、成文法が法の形式を備えて定立されても、その内容がはじめから実用に適せず、あるいは、定立された成文法の形式は依然として存続していても、その中に内在する目的が活社会の活事情から遊離し、したがって、社会生活を規律する原理としての実用性を喪失してしまえば、それは、実定法としては内容の虚脱した法であり、実際の適用の外に排除せらるべき運命に置かれる。かように、成文法といえども、その目的内容の虚脱とともに実定法としての効力を喪失して行くものであるということは、慣習法の成文法改廃力の合法性を論証するための根拠として、きわめて重要な意義を有する。

　ただし、その場合に忘れてならないのは、成文法が最初から空洞の法として定立され、あるいは、成文法に内在する目的が活社会の活事情に対する迫力をうしない、そのために成文法が次第に腐朽して行っても、成文法は、それが成文法として存在しているということとそのことのうちに、あくまでも一つの生きた目的をもっている、ということである。その目的とは、すなわち「法の安定性」にほかならない。法が成文の規範として確立され、かつ、正規の手つづきを踏まずにみだりにこれを変更するを許さないということは、法の運用を公明ならしめ、恣意の介入を排除し、社会秩序を安定せしめる上において、大きな役割りを演ずる。故に、成文法は、成文法自らの認める仕方以外の方法によって、その内容の改廃を受けることを否定する。これは、成文法が成文法として存在する以上、当然のことである。したがって、よしんば制定された成文法が実用に適せず、もしくは、既存の成文法の内容に腐朽が生じても、ただちにこれを法ではないとして無視するがごときことは、大いに慎まなければならない。いいかえると、「空洞的な法」または「腐朽した法」となっている成文法の修復工事を施し、これを成文法の認める仕方以外の方法をもって改廃するにあたっては、できるだけ慎重な態度をもって臨まなければならない。それは、法に内在すべきはずの活目的と法の安定性の目的との間の調和をはかり、法の全体としての実定性を保持するために要求せられる当然の用意なのである。

さて、これだけの予備考察を行った上で、判決を通じて創造せられる法の法段階上の位置を窮明することとする。問題は、判決を通じて創造せられる法は、単なる個別規範ではなく、一般的な意味を有する法規範であるか、それが一般的な意味を有する法規範であるとして、さらにそれを成文法と同位の法規範と認めることができるかどうか、にかかっている。

裁判官は、判決を下すことによって法を定立し、法を創造する。裁判の作用によって創造せられる法は、一方から見れば、たしかに個別規範であるに相違ない。判決そのものは、明らかに個別の要件に対して個別の効果を帰属せしめる個別規範なのである。しかしながら、裁判によって創造せられる法が、当面の個別的な事件のみについて適用を見るところの、その場、その一回かぎりの規範であると考えるのは、正当でない。裁判官は、他面ではまた、個別の事件について判決を下すことにより、それとともにその判決を包摂するような一般的な法規範を創造する機能を営んでいるのである。

元来、成文法規の劃する規範意味の枠は、事実の世界にあらわれて来る個々の事件にくらべると、原則としてはるかにひろい。したがって、裁判官が成文法規を忠実に適用して個別事件についての判決を下す場合にも、成文法規の劃しているひろい規範意味の枠の中で、当面している個別事件を包摂するような具体的な規範意味の類型を設け、これを個別の判決の直接の根拠とする必要が生ずる。たとえば、窃盗罪に対して十年以下の懲役刑を科する旨を規定している刑罰法規を、現実の窃盗行為の上に適用して行くためには、裁判官は、まず窃盗罪をいくつかの狭い犯罪類型に区分し、かつ、これに対応するいくつかの刑罰類型を設定して、しかるのちに、当該窃盗行為に対する適当な科刑の判決を下さなければならない。それが現実の裁判官によって意識的になされるか否かは別問題として、窃盗罪に関する一般的な刑罰法規は、かかる中間的な規範意味類型の設定を媒介として、はじめて個別の事件の上に適用せられる。その過程は、決して三段論法のように単に一般概念の下に個別の場合を機械的に包摂する作用ではなく、法価値や法目的に立脚する一種の具体的な法創造の働きなのである。たとえば、或る種、或る程度の窃盗罪に対して裁判官が三年の懲役刑を宣告したとするならば、それは、純粋の個別規範の定立であると同時に、その種、その程度の犯罪類型に対しては、ほぼ三年の懲役刑が科せらるべきであるという、一つの規範類型の創造を意味する。したがって、後に発生する同程度の窃盗罪に対しては、特別の理由がないかぎり、三年程度の懲役刑が宣告されるということになって来る。かような裁判の準則は、窃盗罪一般に関する刑罰法規にくらべれば、具体・特殊の規範には相違ないけれども、純粋の個別規範たる判決そのものにくらべると、なおかつ一般的な規範法則たることをうしなわない。故に特定の窃盗罪に対して特定の懲役刑を科する旨の判決を下した裁判官は、その判決行為によって、その場、その一回かぎりの個別規範を定立すると同時に、かかる個別規範の定立を妥当ならしめるような一般規範を、併せて創造したのであると考えられなければならない。

これは、刑事裁判にかぎらず、民事裁判についても同様にいわれ得ることである。否、民事に関しては、罪刑法定主義の原則に立脚している刑法の解釈とはことなり、法規の類推解釈や反対解釈が当然のこととして行われているから、判決を通じての一般規範の創造作用は一層顕著に看取せられる。学者のいわゆる類推解釈や反対解釈は、一方では既存の成文法規を典拠として行われる。しかし、それは、他方では、既存の成文法規をもってしては完全に測り切ることのできない別個の、もしくは新たな生活関係について、新たに一般的な規範意味を創造する作用を含んでいる。いいかえると、類推や反対解釈を用いて一つの具体的な事件についての判決が下された場合には、それと同時に、同様の事件については同様の適用を見るべき一般規範が創設されたことになるのである。末弘博士は、類推および判決の法創造作用について、次のごとくにいわれる。＝「類推はそれ自身決して法の適用ではない。類推によって得られた結果は論理上決して法律規範を大前提とする法律的推論によって到達されるものではない。」むしろ、そこでは、類推の根拠とされているところの法律規範と類似の意味を有する新たな法規範が創設され、そこから具体的な事件への適用がなされているのである。それと同様に、判決もまた、その判決の基礎をなすところの一般規範を創造するという作用をいとなむ。すなわち、「判決はすべて与へられたる具体的社会関係に妥当するものとして創造された法律規範の適用として現はれる。其法律規範は当該事件にのみ適用せらるべきものとして創造されるのであるが、裁判所が一度或具体的社会関係を規律すべきものとして一の法律規範を創造した以上、後に至って其社会関係と精確に種類を同じうする他の社会関係に関して事件が起った場合に其法律規範を適用して同様の判決を与ふべきは、法的安全の保持を最大の使命とすべき司法政策上の理由から考へて極めて当然である、」――と。[5] 類推にかぎらず、一般に法を解釈して判決が下された場合、その判決が、同時に、その判決を根拠づけるような一般的な法規範の創造をともなうことは、まさにここに末弘博士の説かれるとおりであるといわなければならない。

それでは、判決とともに創造せられる一般的な規範は、法段階上いかなる位置を占めるものと考えらるべきであろうか。これは、成文法規が完備している場合、成文法に欠缺がある場合、成文法に空洞や腐朽が生じている場合によって、それぞれ別個の検討を要する問題である。

成文法規が完備しており、かつ、その中に内在する法の目的がその法規の効力を十分に根拠づけている場合には、判決は法規の忠実な適用として行われる。かように、判決が法規の忠実な適用として行われる際にも、判決とともに一般規範が創造せられることは、前に刑罰法規の適用の例について見たごとくである。しかし、この場合の一般規範は、明らかに当該成文法規の下位に位置する。そこでは、成文法規の劃するひろい規範意味の枠の内部で、その中に包摂されるような特殊の規範類型が創造せられ、前者は後者を媒介として個別規範たる判決の中に実現されて行くのである。

次に、成文法に欠缺の存する場合には、判決とともに成立する一般規範は、成文法と同一の段階にある。法の欠缺には大小種々の程度があり得るが、厳密にいえば、類推の場合にも反対解釈の場合にも法の欠缺があって、その欠隙が、判決とともに成立する一般規範によって補塡せられているのである。その場合、欠隙を有する成文法と欠隙を補塡する一般規範とは、同一の段階にあると考えられなければならぬ。たとえば、法律の或る条文から類推によって一つの具体事件に対する判決が下されたとするならば、それと同時に、法律と同じ重さをもつところの一般規範――類推の典拠となった法規と類似の内容を有する不文の一般規範――が創造され、それが爾後の判決を指導することになるのである。欠缺の程度がもっと大きくて、もはや類推や反対解釈によってその欠隙を補塡し得ぬ場合には、裁判官は、あるいは条理により、あるいは慣習を按じて、判決の根拠たるべき新たな一般規範を創造する。かかる一般規範は成文法と同位にあるが、その規範意味内容と競合するような成文法規は、はじめから存在しないのであるから、ここでは、かくして成立した一般規範――条理法または慣習法――と成文法との衝突の問題は起らない。

最後に、一定の事項について成文の規定が存するにもかかわらず、その成文法の規定が最初から実用に適せず、もしくは、その成文法の目的が腐朽して活社会の活事情を処理し得ぬものとなっている場合には、裁判官は、やはり、条理にもとづき、慣習を参酌して判決を下す必要に迫られる。ここでも、その判決とともに創造される一般規範は、成文法規と同一の段階にあるものと見なされなければならない。なぜならば、その場合には、成文の規定はあっても、それはもはや現実を動かす力をもたず、事実上法が欠缺しているのも同然の状態にある。したがって、これを補塡する判決は、同時に成文法と等価の一般規範の創造をともなうものと解せらるべきだからである。ただ、この場合には、成文法規に内在する目的は虚脱して実用に堪えぬものとはなっていても、成文法規そのものは成文法規として存在しているのである。そうして、成文法規が成文法規として存在している以上、これを尊重しなければならないという法の安定性の目的は、法の実質上の目的の虚脱にもかかわらず、依然として自己を主張している。したがって、既存の成文法規と背馳する一般規範を創造して、これを判決の基礎としようとすれば、法を活社会の活目的に適合せしめることはできても、そこに法の安定性の目的との衝突の生ずることをまぬかれない。これは、実定法現象の全般を通じて見られる、法の目的相互の対立の一つの顕著な事例に属する。しかも、成文法規の空洞化または腐朽の程度がはなはだしく、それをしも忍んで成文法の規定を尊重しようとすれば、法の全体の調和を保つことが不可能となるという場合には、安定性の目的を大なり小なり犠牲として、判決をもって法規範の意味を変容し、その結果として成文法規を全くの空文と化せしめることもまたやむを得ない。もしも、裁判官が、それだけの慎重な衡量を加えた上で、判決とともに創造される一般規範によって全く実用に適さない成文法規の効力を排除し、かつ、それがその後の裁判上の実践において一般に承認されるにいたった場合には、それは、法の破砕でも小さな革命でもなく、同位段階の法規範による既存法規の改廃であり、法の合法的変遷であるということができるであろう。

慣習法による成文法の改廃は、この最後の場合にあたる重要な過程の一つにほかならない。すなわち、成文法が存在していても、その内容が最初から実用に適せず、または、その目的が腐朽して用いるに堪えないものとなっている場合、すでにこれにかわる行為規範が慣習的に社会生活を規律しているとするならば、裁判官は、法の活用をはかる上から、かような慣習を国法秩序の内容に摂取し、これを素材とする一般規範を創造して、社会の実情に適した生きた判決を下さなければならないのである。その一般規範は、行為規範たる慣習を素材としているばかりでなく、判決の根拠となっている点では強制規範であり、しかも、国家の法定立機構をつかさどる裁判官によって創造されたものであるという点で、明らかに組織規範の授権の下に置かれている。故に、それは、厳密な意味での法であり、まさに「慣習」ではなくて「慣習法」である。しかも、その慣習法は、改廃せられる成文法と同位にある一般規範である。したがって、前者による後者の改廃は、法の安定性の多少の犠牲はともなうとしても、法の全体目的から見れば決して「小さな革命」ではなく、一つの合法的な法創設・法変遷の過程たることを失わない。

慣習法の成文法改廃力の根拠づけは、これでほぼ完成したものということができる。あとにはただ、さような慣習法成立の時点を明らかにし、成文法を改廃する慣習法が、慣習法によって改廃せられる成文法よりも「後法」であることを示すという仕事が残されていることになる。

(1) 周知の通り、ケルゼンの純粋法学は、法の段階構造を説いて、裁判判決および行政処分をばその最下端に位置する純粋個別規範であるとなした。法の段階構造を明らかにしたのは、純粋法学の功績であるが、裁判上の判決を単なる個別規範とのみ解して、判決を通じて行われる一般規範の創造に思いいたらずして終ったことは、その説の不備な点であるといわなければならない。Hans Kelsen: Allgemeine Staatslehre, S. 231 f.; derselbe: Reine Rechtslehre, S. 79.

(2) 純粋法学の系統に属するモクレが、成文法を改廃する慣習法の作用をば「小さくはあるが正真正銘の革命である」といったのは、その規範論理主義の立場から見て当然である。

（3） 一般には、法規がまず存して、しかるのちにそれから判決が導き出されるのであると考えられているのに対して、この順序を逆転し、まず与えられるものは判決であり、法規範は度重ねられた判決を跡づけつつ、のちになって形成されたものであるにすぎないと力説する学者に、たとえばイザイがある。イザイによれば、これは発生史上の順序であるばかりでなく、論理上の順序でもある。すなわち、裁判官は具体的の事件に直面した場合、まず法感情を基礎とする直観によって判決を構想する。しかるのちに、この判決をば法規範によって「基礎づけた」（begründen）かのごとくに説明する。しかし、これは実は一つの擬制であって、判決そのものは裁判官によって直観的に把握せられているのであり、法規範を引き合いに出すのは、この判決をあとから「規制する」（kontrollieren）するという役割りを演ずるにすぎない。Hermann Isay: Rechtsnorm und Entscheidung, S. 161 f., S. 177.

（4） この問題の詳細については、拙著・実定法秩序論、第三章、第四章、参照。

（5） 末弘教授・前掲書、三九七頁以下。

六　慣習法と判例法

慣習法——特に成文法を改廃する慣習法——が、裁判官の判決を通じてはじめて厳密な意味での法となることが明らかになった以上、慣習法成立の時点の問題は、もはやすでに解決せられているのも同然である。すなわち、慣習法は、単なる社会生活上の慣行として行われているだけでは、まだ厳密な意味での法ではない。社会生活上の慣行は、裁判官がこれを素材として具体的な事件についての判決を下し、それとともにかかる判決の根拠たるべき一般規範を創造することによって、はじめて法となるのである。したがって、慣行それ自体は旧来の伝承であり、古い起源を有していても、それが法として成立する時点は、慣行を素材とする判決が行われたときである。これに対して、慣習法によって改廃せられる成文法は、内容上すでに用うべからざるものとなっているところの既存の法であり、慣習法にくらべれば、明らかに「前法」である。故に、慣習法は、新たに定立せられた「後法」として、自己と同位段階にあるところの前法たる成文法を改廃する。その関係は規範論理上も合法の過程であって、法の破砕ではない。

しかしながら、前に注意して置いたように、成文法は、たといその内容が最初から実用に適せず、もしくは時とともに腐朽して用うべからざるものとなっていても、それが成文法規として存在しているということそのことの中に、法の安定性の目的を蔵している。それ故に、慣習法をもって成文法を改廃するためには、法の全体目的から見てさような慣習法の成立を正当ならしめるような、客観的な根拠がなければならない。成文法が法令に規定のある事項についての反対慣習法の成立を禁止している場合には、特にしかりである。その根拠には、消極の根拠と積極の根拠の二つがあるであろう。成文法を改廃する慣習法の成立の消極の根拠となるものは、前に述べた成文法規の目的内容の虚脱または腐朽である。成文法規の規定にしたがって強いて現実の生活関係を規律することが、人間共同生活の活目的から見て、不合理であり、無意味であり、円滑な社会関係の運行を著しく阻害するようになっている場合には、その成文法規は内容の虚脱・腐朽した法であり、法たるの適格性を喪失しているのである。故に、法の全体目的が、法たるの適格性を喪失した成文法のかわりに、他に新たな法の成立を要求するのは、当然のことといわなければならない。次に、その積極の根拠となるものは、現実の社会生活を有効に規律する慣習の存在である。すでに成文法規の目的内容が虚脱・腐朽して、現実の社会生活を規律する行為規範としての実を失っている以上、次第にこれにかわる生活規範が成立して、共同生活の事実関係を慣行的に秩序づけるにいたるのは、これまた当然の成りゆきである。そういう場合には、かかる慣行的な生活規範を尊重し、これを法の内容に摂取し、その効果を強制手段によって保障するのが、法としての適格性を失った成文法規をいたずらに尊重するより以上に、秩序の安定をはかるゆえんとなるであろう。裁判官は、かような客観的な事態を基礎として、慣習に法たる意味を賦与し、慣習を素材として判決を行い、それによって新たに慣習法を成立せしめる。その結果として、既存成文法規を効力の埒外に脱落せしめ、成文法が成文法として存在するということに内在している法の安定性の目的を傷つけることにはなるであろう。しかし、それによって保護せられる生活秩序の実質的の安定が、それによって傷つけられる法の形式的安定よりも、はるかに価値が高いということが、裁判官の慣習法定立行為を正しいと認めしめる積極的な根拠となる。

それでは、慣習法によって改廃せられるのは、いかなる成文法規であろうか。

一定の成文法規が存在するにもかかわらず、その内容が虚脱・腐朽して用うべからざるものとなっており、これにかわる反対慣習法が成立した場合、この慣習法がかの具体的な成文法規を改廃していることは、いうまでもない。しかし、それとは別に、わが国の法例第二条のように、法令に規定のある事項について別途の慣習法が成立することを禁じている一般的な成文法規がある場合には、或る具体事項についての反対慣習法の成立とともに、かかる一般的な成文法規もまた効力のない法となり、その実定性の阻却を受けるであろうか。

思うに、実定法の世界には複雑・多様な目的が内在していて、それらの目的が互に矛盾・対立しつつ、しかも相互に均衡を保って実定法秩序を安定せしめている。実定法は、時代とともに進展・躍動しようとする諸目的と、これを規制・統合しようとする目的との間の調和の秩序にほかならない。たとえば、道徳が変化し、政治が飛躍し、経済が変貌すれば、それにともなって法もまた変化する。しかし、それと同時に、法は、道徳が社会生活の現実から遊離することを戒め、政治の飛躍によって秩序が破壊せられることを防ぎ、経済の変貌のために利害関係の対立の激化することを阻止している。そこに、法の安定性の目的が大きく働いているのである。法の安定性の目的は、実定法の全般に内在しているが、特にそれは、法の成文化ならびに成文化せられた法の確実性によって代表されている。成文法をみだりに動かしてはならぬということは、法の安定性の骨格である。わが法例第二条のごときは、まさに慣習法について、その成文法補充力を認めると同時に、慣習によって成文の規定がみだりに排除されることを妨げ、法の安定性を確保することを目的として制定されたのである。かような規定がある以上、成文法規の存する事柄について反対慣習法が成立することは、著しく困難ならしめられている。すなわち、法例第二条は、慣習法をもって、もしくは慣習法に名を藉りて、裁判官がみだりに成文法規を無視することを有効に阻止している。かくのごとくに、慣習法の濫造を有効に阻止しているところに、法例第二条の「効力」がある。それは、法の安定性の目的によって根拠づけられた、法例第二条の実定性なのである。しかも、それにもかかわらず、法令に規定のある事項につき、法令によって認められていない新たな慣習法が成立し、既存法令がその慣習法によって置きかえられるにいたるというのは、その既存法令の内容の虚脱・腐朽がはなはだしく、もはや法として用うべからざるものとなっているがためにほかならない。そこでは、法たる慣習法が法たる成文法令を改廃しているというよりも、むしろ、法としての適格性を失った法令が法たる慣習法によって代置されているのである。かくて、慣習を素材として法の活用をはかろうとする目的と、法例第二条に内在する法の安定性の目的とが調和する。いいかえれば、慣習法の濫造を阻止しようとする法例第二条の目的は、成文法を改廃する慣習法の成立をかように客観的に十分な根拠のある場合のみに限定することによって、達成せられていることになる。それであるから、成文法を改廃する慣習法が成立したからといって、それによって法例第二条もまた改廃せられ、単なる空文と化したものと解するのは、正当でない。成文法を改廃する慣習法と、慣習法の成文法改廃力を制御しようとする法例第二条とは、対極をなす二つの原理として、動中静ある実定法秩序の中に共にその効力を発揮しているのである。

　法例第二条のごとき規定が有効な法として存在している以上、慣習法をもって成文の法令を改廃するためには、消極・積極の両面にわたって客観的な根拠の存することが十分に明らかにされなければならない。かような客観的根拠を明らかにするのは、法解釈学の仕事であり、客観的根拠が明らかにされていることを実証するものは、裁判上の判決である。法解釈学は、成文法の規範意味を解釈し、その中に内在している目的を尊重すると同時に、歴史とともに進展する活社会の活目的を洞察し、実定法の法としての機能を十分に発揮せしめる上において、きわめて重要な役割りを演ずる。故に、成文法規に欠缺があり、腐朽が生じた場合には、法解釈学者は、条理を拠し、慣習に則って、かかる欠缺・腐朽を補塡・修復すべき規範意味内容を構想する。もとより、法解釈学者は直接に国家の法定立機構を分掌する立場に立っているのではないから、かくして構想された規範意味内容は、そのまま法として行われるわけではない。しかし、法解釈学者の学説は、立法や裁判の上に大きな影響力を有し、それが法定立機構によって採択せられて、国家の実定法の内容を拡充・進展せしめて行くのである。裁判官は、かような法解釈学説を典拠としつつ、さらに現実社会の実相を見きわめて、判決を下し、法の実現をはかる。その判決とともに裁判準則としての一般規範が創造せられることは、さきに述べたとおりであるが、判決は、もとより常にかならずしも法の全体目的に照らして妥当であるとはかぎらない。そこで、審級制度により判決の審査が行われ、問題の多い事件については、最終審にいたってはじめて裁判が確定する。さらに最終審の裁判の結果もまた、あるいは学説によって批判され、あるいは爾後の同種事件についての裁判による検討を受ける。かくして、周到な批判・検討・吟味を経て確立された裁判準則が、すなわち「判例法」である。いやしくも、法例第二条のような制限規定があるにもかかわらず、なおかつ成文法を改廃しようとするほどの慣習法は、かくのごとき判例法となって行われるにいたって、はじめて真の実定法として確立されたものと見なされねばならぬ。故に、ここでは慣習法は判例法と一致する。すなわち、判例として確証された慣習法によって成文法が改廃されたときにおいてはじめて、その過程は法の全体目的から見て合法的であり、法の正当な動態として評価されてしかるべきこととなるであろう。

七　むすび

一方に、国家の立法機構を通じて定立された成文法があるのに、他方に、その成文法と大なり小なり矛盾した慣行が行われているというのは、法と事実との間に生ずるずれの最も普通の形態である。このような形で法の規定からずれている事実は、それが刑事法に違反していないかぎり、もとより「不法」の事実ではないが、しかも、その多くはいわゆる「法外」の事実として、法の正常の保護の外に置かれている。それにもかかわらず、これらの事実に対して法の保護や保障を与えるということ、特に、その事実が成文の規定と背馳しているのに、成文法を排除してまで事実上の慣行を尊重するということは、正面から論ずれば、「違法」の措置であることをまぬかれない。しかし、成文法の規定が明らかに不備または不適当であるのに反して、それからずれている事実の方には、尊重せらるべき道徳上の理由や経済上の必要がある場合には、形式上の違法というしがらみを越えて、事実上の慣習が成文法規に優勝する効力を発揮する。かくて、成文法それ自体はそれを阻止しようとしているにもかかわらず、慣習法が成文法を改廃する。

この章では、前に考察した法と道徳的事実や法と経済的事実との関係を背景としつつ、このような慣習法の成文法改廃力の問題を取り上げて、これに、規範論理的にも筋道の立つような説明を与えるという努力を試みて見た。

一定の社会生活圏の内部には、互に矛盾することのない一つの法秩序が行われていなければならない。したがって、政治的に統一された国民共同体の内部には、そこで行わるべき法を法として権威づけるための法定立の組織があって、他の観点からは法と認め得る規範であっても、その法定立機構の承認または採択を経ない以上、法ではないものとしている。かように、国民共同体の内部で何が法として行わるべきであるかを定める機能には、一方に立法の作用があると同時に、他方には裁判官の下す判決の作用がある。国家の立法作用を通じて定立される成文法の主なるものは法律であり、法律は原則として一般的な規定であるのに対して、裁判官の下す判決は、具体的な事件を裁決する個別決定であると考えられている。しかし、判決は決して単なる個別決定だけにとどまるものではなく、それと同時に、その個別決定を根拠づけるに足りるような一般規範を定立するという意味をもっている。特に、成文の法律が不備・不適当であって、法の奉仕すべき活社会の活目的に適合しない場合、裁判官が、それよりもはるかに実際にかなった慣習を取り上げて、成文法と矛盾する判決を下したとするならば、それによって創造された一般規範は、法律と同段階に位する効力を有するものと見てよい。そうなれば、「後法は前法を廃止する」という一般原則に照らして、このような判例法による成文法の改廃を規範論理的にも妥当な法の動態と見なすことができる。いいかえれば、それだけの慎重・周密な過程を経て行われる慣習法の成立と、それによる成文法の改廃は、違法ではなく、ましていわんや、法の破砕ではない。——それが、ここに述べた論旨の要点であった。

このようにして得られた結論は、結局、事実説の認めるとおりの慣習法の成文法改廃をを認めたことに帰著している。したがって、人は、あるいはこれを単なる理論の綾であると見なし、多分に純粋法学の影響を受けた規範論理の迂路にすぎないといい、むしろ、直截に慣習法による成文法変革の事実を事実として受け取る方が、はるかに簡単・明瞭であると考えるかも知れない。

　けれども、同じ結果に到達するにしても、そこにいたる道筋に法の破砕が含まれているかいないかを明らかにすることは、法理論全体の構成上きわめて重要な意味を有する。しかるに、事実説は、慣行による法律の変革をば、法の破砕であろうとあるまいと、ただ単なる事実として受け取ろうとするものであり、法秩序を統一した全体として矛盾なく説明しようとする努力を、理由なく放棄している態度であるといわなければならない。ことに、成文法と矛盾した慣習があっても、後者がかならず前者に対して優勝するとはかぎらないのであって、むしろ、逆に成文法と背馳する慣習は単なる「法外」の事実として法の保護の外に置かれている場合の方が、国法秩序の常態であると見てよい。慣習法による成文法の改廃ということが、理論としてはやかましく論議されているにもかかわらず、実際にその型にぴったりあてはまる事例がすくないのは、このことを実証している。すなわち、成文法と矛盾する慣習は、成文法を改廃することもあり、しないこともある。どちらの結果があらわれても、それは「事実」の成りゆき次第であるというのは、法理論として投げやりの態度であり、法の自主性を危うからしめるゆえんであるといわざるを得ない。成文法が慣習によって或る場合には改廃され、他の場合には改廃されないというのは、単なる「事実」の力のしからしめるところではなくて、法自体の自主的な価値判断によるものでなければならぬ。そうして、法の作用の尖端に立って、このような自主的な価値判断を下す当面の責任者は、何者にもまして、まず裁判官である。立法の作用だけにまかせておいたのでは、かならず方々に法と事実とのずれが生ずる。そのずれを調整しつつ、法自ら法の破砕を許すという性格主として高い良識をもつ裁判官の手にゆだねられなければならない。

破綻に陥ることなしに、活社会の活目的と秩序安定の要求との調和をはかるという微妙な仕事は、

太平洋戦争前の日本は、大体として範をドイツに取った典型的な成文法国であった。これに対して、敗戦後の日本には、法秩序のいろいろな領域にわたって英米系の法制度が流れ込みつつある。しかも、その場合、イギリスやアメリカでは永い歴史と伝統とを背景として築き上げられた不文法を、そのような背景を全くもたない日本に移植することは、不可能であるために、結局、英米系の法観念は、新たな立法を通じて日本に注入され、それが、在来の大陸系の成文法体系と接合されようとしている。その結果として、今日のわが国は、内容の面目を一新しつつあるという点は別として、形の上では戦争前および戦争中にまさるとも劣らぬ成文法の氾濫をきたしている。これらの新立法は、もとより日本の国民生活を民主化するために足なみをそろえつつあるのであるが、他面、そのように主として成文の形で樹立されつつある新制度と、日本人の生活実態との間に、新らしい角度においていろいろなずれが生じて来るであろうことも、また想像するに難くない。この種のずれの所在と性格と原因とを探究するために、法社会学の普及・発達をはかることは、今日の急務である。もしも、そのような法社会学的実態調査によって発見された、法と事実との間のずれの原因が、日本人の社会生活の中に依然として存在する封建主義的な残滓によるものであるならば、立法以外の方法——たとえば、学校教育・社会教育、等——によって、事実をば法のレベルにまで高めるための努力がなされなければならない。もしもまた、そのずれのよってきたるところが、成文法がかならずしもわが国民生活の実情に適さないという点にある

ならば、さらに立法の方法によってそのような成文法を現実の要求に歩みよらせることも、考えられなければならない。しかし、それとともに、この際最も必要であると思われるのは、法の運用の衝にあたる裁判官や調停委員によるところの、法と事実との間のずれの適正な調整である。この章で論じた慣習法の問題の処理は、その材料を主として過去の日本の法制度に求めた。しかし、今後起るであろう「法外」の事実や「違法」の事実に対する対策も、理論上はそれと同じ性格をもつものが多いと思われる。要するに、その場合の第一の著眼点は、裁判官の実践によって法と事実との矛盾をいかに円滑に克服するかに置かれなければならない。その意味で、裁判官の使命の重大であること、今日の日本におけるがごとき場合はいまだかつてなかったといっても、決して過言ではないであろう。

尾高朝雄（おたか・ともお）

1899年生、1956年歿。法哲学者。朝鮮に生まれ東京に育つ。1923年東京帝大法学部卒業後、京都帝大文学部哲学科で学ぶ。京城帝大助教授、東京帝大法学部教授（法理学、のち法哲学講座担任）を歴任。欧米留学時代（1928年から1932年）にはウィーンでケルゼンに、フライブルクでフッサールに師事。1956年5月ペニシリン・ショックのため急逝。代表的著書に『国家構造論』（学位論文、1936年）『実定法秩序論』（1942年）『法の窮極に在るもの』（1947年）『法の究極にあるものについての再論』（1949年）『数の政治と理の政治』（1949年）『自由論』（1952年）『国民主権と天皇制』（増補版1954年）がある。また在欧中にオーストリアで刊行したGrundlegung der Lehre vom sozialen Verband〔社会団体論の基礎〕（1932年）はドイツ、オーストリアで高く評価され現在も刊行中（Springer 刊）。

法と世の事実とのずれ

刊　行　2019年11月
著　者　尾高 朝雄
刊行者　清 藤 洋
刊行所　書 肆 心 水

135-0016 東京都江東区東陽 6-2-27-1308
www.shoshi-shinsui.com
電話 03-6677-0101

ISBN978-4-906917-97-6 C0032

乱丁落丁本は恐縮ですが刊行所宛ご送付下さい
送料刊行所負担にて早急にお取り替え致します

―既刊書―

天皇・憲法第九条

高柳賢三著

九条の異常性を直視する第三の道

日本国憲法に対してなされるべきは、大陸法的解釈か、英米法的解釈か。改憲論議における不可欠かつ第一級の知見でありながら、長くかえりみられてこなかった「日本国憲法と大陸法／英米法問題」の原点の書。九条幣原首相発案説の論拠として広く知られる本書の議論は、近代日本法学の主流である大陸法型の解釈と英米法型の解釈の対立の問題を経て、そもそも憲法という法文はいかに解釈されるべきものかという問いに及ぶ。 6300円＋税

極東裁判と国際法

極東国際軍事裁判所における弁論

高柳賢三著

国家ではなく個人を国際法で、かつ事後法で裁いた不法行為。倫理上の罪悪、国政上の責任と、国際法上の犯罪の混同を批判。

政治が法治を力で押し切る現場の歴史的な記録。政治と法治、法と倫理の境界画定をめぐる法学的な理論闘争。人類の近代的法治の歴史に深い傷とわだかまりを残した一大事件の現場である東京裁判の法廷で、簡潔に力強く示された反駁。東京裁判における「侵略戦争は個人責任を伴う犯罪である」というテーゼが倫理的立場ではなく法的立場からは否定される理由を明示する。（英語原文を併録）

6300円＋税